쉽고 재미있는 커피 이야기

Coffee Story

정강국 저

신화

Easy and Interesting Coffee Story

올해는 유난히 더운 여름이다.

호텔 및 학교생활을 하면서 커피를 편하게 접할 수 있었지만 커피의 깊이는 알면 알수록 맛과 향이 새롭게 느껴지고 왜 이렇게 많은 분들이 커피를 마시는 건지 조금은 이해가 되는 듯 하다.

조선 정조때 유한준이라는 분이 "사랑하면 알게 되고 알게 되면 보이나니 그때에 보이는 것은 예전 같지 않으리라" 라고 하였는데 세상을 살아가는데 모두 적용되는 말이지만 특히 커피를 두고 한 말이 아닌가 하는 생각이 들었다.

시간이 흐르면 흐를수록 커피업계에 근무하면서 공부하는 분들 또는 학계에서 열심히 연구하여 내공을 쌓는 분들, 취미로 배워서 누군가에게 도움을 주고자 하는 분들 모두가 참 멋지다는 생각을 자주하게 되었다.

교재의 구성은 단원별로 중요하다고 생각되는 부분과 평소 커피메뉴 외에도 필요한 지식을 넣어 누구나 편하게 접하고 자격증 공부도 겸할 수 있도록 최선을 다해서 집필하였다.

생두와 원두의 의미, 추출, 로스팅, 블랜딩, 커피맛까지 꼭 알아야 할 기본적인 지식들을 수록하였기에 누구나 편안하게 읽어 나가면 좋을 듯 하다.

직업인으로서, 로스팅전문가로서, 라떼아트 전문가로서, 커핑전문가로서, 커피관련 업계관리자 및 경영자로서, 취미로서 공부하고자 하는 많은 분들은 분명히 투철한 사명의식과 자부심을 가지고 있을 것이며, 이 책을 접하면서 커피지식에 조금씩 매료되어 갈 것을 확신한다.

끝으로 책을 쓰는 동안 많은 도움을 주신 한국음료직업교육개발원 손영호 이사장님, 오랫동안 묵묵히 최선을 다해주는 박성한 교수님, 촬영에 도움을 주신 최정희 선생님, 바쁘신 가운데 많이 도와주시는 탑클래스 박상철 대표님, 교정에 도움을 주신 신혜진 선생님, 특히 도서출판 신화의 대표님과 편집부 여러분의 도움 없이는 체계적으로 접근하기가 쉽지 않았으리라는 생각에 감사하다는 말을 꼭 전하고 싶다.

마지막으로 항상 주어진 일에 최선을 다할 수 있도록 도와주시는 학부 교수님들께도 감사하다는 말씀을 전하며 모든 분들이 건강하고 행복하였으면 하는 바램이다.

저자 씀

Coffee Barista

c.o.n.t.e.n.t.s

Chapter 1

커피(Coffee)

Section 01. 커피의 탄생

Section 02. 커피의 역사

Section 03. 세계의 커피문화

section 1 커피의 탄생

커피(Coffee)는 생물학적으로 에티오피아의 산악지대에서 기원했다고 알려져 있다. 하지만 정확하게 인류가 언제 처음으로 커피를 접했는지는 알 수 없으며, 여러 존재하는 커피의 전설 중 가장 오래된 것은 마호메트(Muhammad)의 전설이라고 알려져 있다.

그 내용은 그가 병상에서 알라신에게 기도 할 때 천사 가브리엘이 그의 앞에 나타나 검은색 음료(as black as the kaaba of mecca)를 가져다주었는데, 그것을 마시고 나자 그에게 40명의 남자를 말안장에 떨어뜨리고 40명의 여인과 사랑을 나눌 수 있는 힘이 생겼다고 한다.

커피에 관한 전설 중 가장 크게 알려져 있는 전설은 이탈리아의 언어학자 나이로니(Naironi)에 의해 1661년에 알려지게 된 에티오피아 고원 발견설과 오마르의 발견설이 있다.

첫 번째, 에티오피아 발견설은 에티오피아 고원 아비시니아에 전해지는 이야기로 목동 칼디가 자신이 기르던 염소들이 어떤 빨간 열매를 먹은 후 흥분하여 활발하게 뛰노는 것을 본 후 자신도 그 열매를 먹었더니 피곤함이 가시고 정신이 맑아졌다고 한다. 그 후 그 사실을 수도원 원장에게 말했는데, 수도원 원장은 그 열매를 자신의 수도원으로 가져가 악마의 열매라며 그 열매를 불 속으로 던져버렸다. 하지만 그 열매가 불에 타면서 향기로운 냄새에 수도승들이 모여 들게 되었다. 그 후 열매에 대한 많은 노력과 연구를 통해 수도승들이 기도를 하며 졸지 않게 되는 커피를 만들게 되었다고 한다.

두 번째, 오마르 발견설은 아라비아에 전해지는 이야기인데 지금의 북 예멘의 이슬람교 수도자이며 의사인 세이크 오마르가 모카국 공주의 중병을 고치고 난 후 그 공주를 사랑하게 되었다. 하지만 그 사실이 발각되자 오자브라는 지방으로 유배를 당하게 되는데, 그는 배고픔에 산속을 헤매게 되고 우연히 한 마리의 새가 빨간 열매를 쪼아 먹는 모습을 본다. 그 새를 따라 열매를 먹었는데 원기가 솟고 피로가 풀리는 것을 알게 되었다.

그 후, 그 열매를 사용하여 많은 환자를 구제하는데 성공했고 결국 그 동안의 죄가 풀리고 모든 이가 이 열매의 발견을 칭찬하여 사원을 건립하여 성자가 되었다.

커피가 문헌에 서술되었던 것은 페르시아의 의사 '라제스'가 만든 페르시아, 이집트, 인도, 유럽의 의학을 종합한 서적인 '의학집성'이다.

에티오피아 및 예멘의 '번(Bun)'과 그 추출액 '번컴(Bunchum)'을 의약의 재료로써 서술하고 있는데, '번(Bun)'은 커피나무나 열매를 뜻하고, '번컴(Bunchum)'은 그 음료를 의미하고 있다.

이슬람의 과학자 아비센나(Avicenna)도 저서 '의학법전'에서 의약으로써 '번(Bun)'과 '번

컴(Bunchum)'을 거론하고 있다. '의학집성'은 13세기에, '의학법전'은 12세기에 라틴어로 번역되어 유럽에서는 17세까지 의학 교과서로 사용되었다.

엘레스(J.Ellis)가 저술한 '커피의 역사적 고찰'에서 15세기의 고문서를 인용하여 예전부터 커피가 식용으로 에티오피아 고원 아비시니아에서 공급되었다고 서술하고 있는데, 사실 아비시니아에서는 예전부터 커피의 건조된 열매를 씹어 먹기도 하고 그 열매를 잘게 분쇄하여 유지와 섞어 환약처럼 만들어서 여행을 다닐 때 비상식품 중 하나로 사용하기도 하였다. 또, 과육을 이용해서 술도 제조했다고 전해지고 있다.

아랍의 대여행가 바토우다(Ibn Battuta)는 약 30년간에 메카(Mecca)를 비롯한 중동지역, 인도, 중국, 아프리카, 이베리아반도를 여행하며 쓴 그의 여행기록인 '도시의 불가사의와 여행의 경이를 본 자의 선물'에서 당시 이슬람의 모습이 자세히 잘 서술되어져 있지만 커피에 대한 이야기는 볼 수 없다고 전해진다. 같은 시기에 중국의 각지를 여행했었던 마르코 폴로(Marco Polo)의 '동방견문록'에서도 차에 대한 기록은 없기 때문에 '도시의 불가사의와 여행의 경이를 본 자의 선물'의 기록으로 봐서 커피가 아직은 보급되지 않았던 것으로 확인할 수 있지만, 메카에서는 아직 그다지 대중적으로 커피가 음용되지는 않았던 것으로 볼 수 있다.

16세기 중반부터 지중해 동해안에 있는 레바토 지방을 여행한 여행자들의 기록을 보면 현지의 사람들이 불에 태운 '번'을 이용하여 '카와'라고 불리어지는 검은 액체를 만들어내 그것을 식용으로 사용하는 것이 소개되었는데, 그 기록으로 인하여 유럽인들에게 커피가 알려지게 되었다.

그리고 당시 북이탈리아의 베네치아에서 식물원 원장이었던 알피니는 터키 사람의 정원에서 커피나무를 보았는데, 이 나무의 '브나'라고 불리는 과실이 커피의 원료라는 것을 알게 되고 그 나무를 자신이 적은 '이집트의 식물'이라는 저서에 담았다. 이들 사이에서 보았을 때, 중국과 가까운 동부 지역에서 배전콩을 이용한 커피가 14세기 이후에 시작되었다고 추측할 수 있다.

section 2 커피의 역사

커피의 어원

커피의 어원에 대한 자세한 기록은 없으나 커피가 처음 발견된 에티오피아의 지명인 카파(Kaffa)에서 유래하였다는 설과 카와(Kahwa)라는 아랍어에서 유래하였다는 학설이 존재한다.

카파(Kaffa)는 아랍어로 힘을 의미하는 말로 에티오피아의 커피나무가 야생하는 곳의 지명이기도 하다.

먼저 에티오피아의 카파(Kaffa)는 '힘'을 뜻하고, 이 말은 힘과 정열을 뜻하는 아랍어 'kaweh'와 통한다.

이 말은 터키로 전파되며 'kahve', 프랑스에선 'Cafe', 이탈리아에서는 'Caffe', 독일에서는 'Kaffee', 네덜란드에서는 'Koffie', 영국에서는 'Coffee'로 불린다.

즉, 다시 말해서 커피의 각성효과 때문에 아랍어의 카파, 즉 힘을 뜻하는 단어로 불려지게 되었고, 아랍어에서 '힘과 정열'을 뜻하는 'kaweh'와도 연관 있으며, 오스만제국에서 'Kahweh'로 불리다가 유럽으로 전해지면서 'cafe'로 불리게 되었다.

또 다른 주장은 아랍에서 기운을 돋우는 커피의 효능을 나타내는 뜻을 지닌 'Kahwa'로 불리다가 와인을 의미하는 'Qahwa(카와)'가 되고, 'Kahwa'가 오스만제국에서는 'kahve'로 불렸으며, 이후 유럽 각지로 전파되면서 'Cafe'로 불리게 되었다고 한다.

아랍어 'Qahwa'가 원래는 와인(wine)이란 뜻으로 쓰였기 때문에 아마도 그 당시 사람들은 커피를 술(wine)로 받아들였다고 한다.

술을 마실 수 없었던 이슬람 신자들은 술 대신 커피를 마시며 '이슬람의 와인'이라고 부르기도 하였다.

그밖에 다른 나라인 일본에서는 '코히(コーヒー)', 러시아에서는 'Kophe', 그리고 체코슬로바키아에선 'Kava', 베트남에서는 'Caphe'로 불리고 에스페란토어로 'Kafva', 덴마크에선 'Kaffe', 핀란드에서는 'kahvi', 헝가리에서는 'Kave' 체코에서는 'Kava' 폴란드에서는 'Kawa' 루마니아에서는 'cafea' 크로아티아에서는 'kafa' 세르비아에서는 'Kava' 스웨덴에서는 'kaffe' 터키에서는 'kahue' 그리스에서는 'kafeo' 캄보디아 에서는 'kafe' 말레이시아에서는 'kawa'로 불린다. 에티오피아인들은 커피를 'Bun', 커피추출액을 'Bunchung'으로 부르는데, 이 말이 독일에서는 'Bohn', 영국의 'Bean'의 어원이 되었다.

또한 'Mocha'라고 불리는 커피의 이름은 홍해의 커피를 운반하던 모카 항에서 유래된 것이다.

세계 각국에서 커피를 지칭하는 명칭들도 오스만제국으로부터 비롯된 'Qahwa'라는 아랍어가 어원인 것으로 추정된다.

이슬람의 커피문화가 베네치아 상인 등을 통해 유럽으로 건너간 만큼 'Qahwa'가 어원이라는 설이 더 설득력 있다.

현재 사용하고 있는 'Coffee'라는 단어는 영국에서 1650년에 '블런크'경이 'Coffee'라고 부른 것이 계기가 되어 미국을 통해서 전파되었다.

영국에서의 커피는 처음 '아라비아의 와인(The wine of Arabia)'으로 불려지기도 하였다.

커피의 역사

1200년대 이전

커피를 처음 맛보게 되었는지에 대한 정확한 기록은 존재하지 않는다. 그냥 단지 커피에 대해 전해져오는 몇 가지의 이야기들로 미루어볼 때 대략 500년 경 에티오피아의 고지대에서 전설로 전해 내려오는 이야기처럼 빨간 열매를 발견해 먹기 시작했다는 것이 일반적이다.

유목민들 중에 갤러족들은 먼 거리를 여행하거나 전쟁을 벌일 때 비상식량으로 커피 열매를 이용하였는데 이는 커피열매를 작게 갈아 동물의 지방과 섞어 작은 공 모양으로 만들어진 식품으로 갤러족들에게 충분한 에너지 공급원이 되었다.

에티오피아에서는 이 작은 공 모양의 식품을 'Boun'이라고 부르며 이것을 끓여서 죽처럼 먹거나 약으로 먹기도 했다. 오늘날에도 이런 방법들처럼 끓여서 우려내 먹거나 혹은 커피콩을 볶아서 여러 재료를 더 첨가해서 음식을 만들어 먹기도 한다.

아라비아에서 커피 혹은 커피나무는 '번컴(Bunchum)'이라고 부르는데, 레몬 즙을 넣어 커피를 마셨다는 기록이 있다.

일반 사람들에게는 커피가 위에 좋거나, 통증을 줄여주는 것 같은 의학적인 목적으로 사용되었던 것이지 커피가 일반적인 음료는 아니었다.

그리고 커피는 정신을 맑게 하거나 각성제처럼 정신을 맑게 하기 위해 종교적인 신념에 의해서 오랫동안 이슬람 사원에서 재배를 하고 사용되었다.

1300년대 ~ 1400년대

점점 일반인들에게 더 잘 알려지게 되고 사람들 또한 커피를 접하게 되면서 여러 가지 기구를 이용하여 커피를 만들기 시작했다. 도자기 또는 철재로 된 커피를 끓이는 기구가 등장하게 되는데, 이는 커피가 점차 기호적인 음료로써 사람들에게 인지되기 시작했음을 말해준다.

당시 이슬람 세력은 종자가 다른 지역으로 나가지 못하도록 커피콩을 끓여서 말리거나 볶아 싹이 틀수 없는 상태에서 외부로 내보내었다.

아랍지역에서 생활하는 유목민들은 그들만의 커피를 만드는 독특한 방식이 있는데 이는 사막에서 따뜻해진 모래를 이용하여 커피콩을 볶아 일종의 의식적인 형태로 커피를 준비해서 마셨다. 베두인은 오늘날까지도 이런 전통적 방식으로 커피를 준비하고 의식처럼 전해오는 몇 가지 행동을 통하여 의례를 하고 있다.

1400년대를 지나면서 점차 커피를 볶아서 끓여 마시는 방법이 보급되자 여러 나라에서 나름대로 독특한 방식의 커피를 만드는 방법을 개발해나갔다. 아랍 및 터키, 모로코 등에서는 커피에 갖가지 향신료를 넣어 맛을 다채롭게 변화시켰고 에티오피아 인들은 소금을 넣어 마셨다.

당시 중동의 지배국이었던 오스만제국에서는 커피를 만드는 방법이 발전하게 되어서 현재와 비슷하게 커피콩을 가공해서 볶은 후 분쇄하여 끓여 마시는 방법이 정착하게 되었다. 계절과는 상관없이 물과 설탕을 함께 넣어 여러 번 끓여서 만드는 풍습이 생겨나게 되는데, 이렇게 만든 커피는 작은 잔에 담겨져 손님에게 제공되어졌다.

커피 음료의 제조 방법은 오스만제국의 영향을 받은 어느 지역에서나 같은 방법으로 커피를 만들고 있으며, 알제리와 발칸반도의 사람들은 지금까지도 여전히 '터키식 커피(Turkish Coffee)'를 마시고 있다.

터키의 가정은 커피를 손님 환대의 상징으로 여겼으며, 상류사회 귀족들의 경우에는 커피 접견실을 따로 집안에 만들어서 손님이 오면 그 앞에서 커피콩을 볶아 끓여내는 일종의 커피 의례가 행해졌다. 지금도 이 관습은 아랍권에 남아있다. 또한 커피가 떨어지게 되면 중요한 의무를 게을리 하였다고 해서 이혼의 사유가 되기도 했다. 이렇듯이 커피는 가정의 생활 속에 깊이 들어와 있었고, '카베 카네스(Kaveh Kanes)'라고 하는 카페가 생겨나기 시작했다.

1500년대 ~ 1600년대

커피에 대한 관심과 흥미가 높아졌고, 커피가 영양학적인 면에서 중요한 음식으로 여겨지게 되었다. 중동 및 아랍지역에서는 서서히 커피가 대중화되기 시작했고, 가난한 자나 부유한 자를 따지지 않고 모두가 커피를 마셨으며, 기호식품으로 애용되면서 사람간의 우애나 대화를 촉진시켰다. 즉, 손님을 접대하는 데는 빠질 수 없는 것이 되었다.

대도시를 중심으로 대중적인 카페가 생겨나 성행하게 된다. 손님들은 출입에 제한이 없었고, 계급이나 신념에 관계없이 어울리며 여유로운 시간을 보낼 수 있었다. 누구든 앉아 있다가 아는 사람이 들어오면 그 사람에게 고개를 끄덕이는 것이 예의였고, 먼저 온 사람이 나중에 온 사람에게 커피를 대접하는 것이 관례였다. 이 시기에 터키는 커피를 대중적인 음료로 정착시키고 카페를 문화 공간과 사교의 장으로 발전시켰다.

1600년대로 넘어오면서 상류층을 중심으로 커피풍습과 카페들이 번성했다. 반면 일반인들에게는 약재나 치료제로서 더 여겨지게 되었다.

커피가 상업적으로 유용해지자 카페의 확산과 더불어 점차 대중화되기 시작했다.

1600년대 후반에 빈에서 카페가 문을 열게 되는데, 유럽에서의 커피 보급에 중요한 영향을 미치게 된다. 점점 기호에 맞는 맛을 찾기 시작하게 되는데, 이 시기에 사람들은 커피를 마실 때 커피찌꺼기를 걸러내고 꿀과 우유를 가미하여 맛과 색깔을 약하게 희석하여 마시기 시작하였다.

또한 롤빵을 커피와 함께 곁들여 먹기도 했다. 그리하여 커피와 우유, 베이커리라는 새로운 커피 풍습을 만들어 냈고, 여러 나라에 영향을 미쳐 일종의 관습처럼 전 유럽인들이 즐겨 마시는 음료로서 오늘날에도 이어지고 있다.

이 무렵 카페는 유럽의 주요 도시를 중심으로 빠르게 퍼져나갔으며, 이 시기부터 영어로 커피(Coffee)라는 말이 등장하였고, '카페오레(Cafe au Lait)'라는 명칭이 생겨나서 아침식사에서 수프를 대신하기 시작했다.

그러나 가장 먼저 커피시장을 장악한 네덜란드는 차가운 날씨로 인하여 사람들의 외출빈도가 적어 카페가 번성하지 못하였다.

1700년대 ~ 1800년대

커피를 마시는 것과 카페의 모습은 각각의 나라마다 환경과 풍습, 민족성 등을 보이며 조금씩 새롭고 다양하게 나타났다. 터키에서는 오리엔탈 스타일, 이탈리아에서는 베니스 스타일, 오스트리아에서는 비엔나 스타일 등으로 불리며 여러 유행과 문화를 만들었다. 그리고 오늘날까지 모습이 이어지고 있는 런던의 편안함과 업무적인 모습으로 결합된 런던 스타일, 파리에서의 예술과 자유로운 분위기의 파리 스타일이 생겼다.

영국의 카페 '빈'의 단순한 인테리어와 당구대, 신문은 사람들에게 유명해져서 사람들을 모이게 만들었고, 커피와 함께 카페가 성행하는 듯 하였으나, 엄격한 종교적 분위기와 식민지의 영향으로 중국산 차를 받아들이게 되면서 카페의 문화가 오래 지속되지 못하였다.

이후 커피가 대중적으로 자리를 잡게 되자 커피를 마시는 방법에 대한 관심이 집중되며 점차 커피를 마시는 획기적인 방법들이 개발되기 시작했다.

초기의 커피포트는 단지 커피찌꺼기를 제거하기 위해 만들어졌는데, 이것은 커피가루를 천으로 된 주머니 모양에 넣은 후 뜨거운 물을 주머니 안으로 통과시켜서 커피를 추출시키는 형태이다. 그 뒤 사람들은 커피찌꺼기를 제거하는 방법을 좀 더 편리하게 하는 방법을 연구하기 시작했고, 그 방법들에 따라 각각 다르게 추출되어 나온 맛은 차츰 사람들이 추출에 따라 맛의 차이가 있다는 인식을 가지게 만들었다.

이로서 1700년대 초까지 계속되어오던 달여 먹는 방식은 사라지기 시작했고 1800년대로 들어오면서 다양한 추출방법들이 개발되기 시작했다.

이시기에 들어오면서 커피가 급속도로 확산되어 커피에 대한 관심과 연구가 진행되고, 여러 종류의 커피 맛에 대해 선호하는 전문가들이 생겨났다. 뿐만 아니라 가정주부들 사이에서도 다양한 커피 추출방법이 생겨나고 그에 맞게 다양한 추출기구들이 발명되었다.

필터의 중요성도 사람들 사이에 인식되었고 우려내거나 증기압을 이용해 추출하는 방법까지 다양하게 시도되었다. 발명품들은 성공을 거두었고, 조금씩 변형된 형태의 기계들로 만들어져 나타났다. 요즘의 드립 방식의 'Dripolator'를 비롯하여 'Bodum', 'Syphon', 'Moka Pot' 등과 '에스프레소 기계'의 원형들이 이 시기에 발명되었다. 이후로 커피를 만드는 방식은 놀라울 정도로 발전하게 되었다.

추출기계들의 발달은 로스팅 기계 및 커피전용 분쇄기 등 관련 기구들에도 발전을 가져왔는데, 커피 판매방식 또한 볶은 커피를 소규모로 포장하여 판매하는 방식이 생겨났다.

이 시기의 다양한 추출방법과 도구들의 개발은 사람들에게 카페뿐만 아니라 자신들의 가정에서 기계를 장만하여 자신을 만족시켜 줄 수 있는 커피를 폭넓게 즐길 수 있도록 하였는데, 이때의 커피는 가족 간의 화목함이나 부르조아적인 안락함을 상징하기도 하였다.

1800년대 중반부터는 산업의 시대가 시작되었는데, 그와 동시에 커피의 효능은 더욱더 사람들의 사이에서 주목받았고 예전의 커피에 대한 배타적인 인식들은 긍정적으로 전환되었다. 하지만 수요가 늘어나자 저 품질의 커피가 생산되기도 하였지만 커피는 사람들 사이에서 생활필수품으로 자리잡게 되었다.

1900년대

커피는 상업적 상용화가 시작되었으며, 가정용 커피 추출기구의 출현과 유명세를 통해 커피문화는 가정문화로 자리 잡게 되었다.

이 후 커피시장의 범위는 확장되기 시작하였고, 편리한 종이필터가 발명되어 드립방식이 폭넓게 이용되었으며, 원추형 필터의 출현에 이어서 커피메이커가 가정에 널리 보급되기 시작했다.

이 시기에 증기나 공기의 압력을 이용한 에스프레소 기계가 수차례 개량되는 과정을 거쳐서 현대적인 기계로 완성되었다. 에스프레소 기계의 발명으로 인하여 예전에 기계로 추출해왔던 커피에 비해서 더욱 향기롭고 풍부한 색다른 맛의 커피를 접할 수 있게 되었다. 곧이어 기계의 자동화로 이어져 전 세계에 에스프레소 문화가 전파되기 시작했다.

나중에 커피문화가 전해진 미국은 커피의 기본적 효능에 대한 실용적인 측면이 강조되었는데, 산업혁명의 대량생산과 대량소비의 사회적 분위기로 인해 물에 타서 바로 마시는 인스턴트커피가 비약적으로 소비되기 시작했다. 하지만 맛보다 기능이 우선인 인스턴트커피의 제조는 저품질 커피 원두의 사용으로 인하여 많은 카페인이 함유되어 쓰고 탁한 맛의 커피를 맛볼 수밖에 없었다.

하지만 1900년대 후반에 접어들면서 커피를 특별한 음료로 인식하게 되고 많은 사람들이 질이 좋은 커피에 대하여 욕구가 생겨났는데, 원두커피라는 명칭이 생겨나고 소비가 늘어나기 시작했다. 사람들은 원두를 연하게 추출하여 많은 양을 마셨는데 추출된 커피 안에 여러 가지 향을 첨가하여 마시는 것이 유행하기도 했다. 그리고 점점 전통적인 스타일의 커피로 돌아가려 하면서 에스프레소의 대중화가 시작되었다. 이런 경향은 사람들이 커피에 대한 지식이 향상되었기 때문이며 이런 현상은 그리 오래된 일이 아니다. 사실 인스턴트커피를 마시는 비율은 전 세계적으로 매우 낮으며, 유럽에서는 꾸준히 전통적인 방식으로 추출한 진한 커피를 즐겼고 우유나 크림을 첨가한 Variation 메뉴와 술을 가미한 메뉴도 즐겨 마셨다.

2000년대

전 세계적으로 커피에 대한 지식과 질 좋은 커피의 소비가 늘어났는데, 최상의 조건으로 재배된 커피를 최고의 커피로 여겨, 최상의 원두가공, 로스팅, 보관, 분쇄, 추출을 통해 만들어지는 커피에 관심이 커지기 시작했다. 또한 커피는 인스턴트식품이라는 인식에서 벗어나 건강한 육체와 정신을 통하여 행복을 추구하는 문화로써 인정받았다.

또한 커피 한 잔을 마시는데 다양한 요구사항들이 생겨났는데, 그에 맞게 에스프레소 Bar 형태의 카페가 자리를 잡아가면서 'Barista'라는 직업이 생기게 되고 고객들에게 최상의 커피와 서비스를 제공하기 시작했다. 세계 바리스타 경연대회(WBC)가 해마다 개최되고 그 대회에서 여러 바리스타들이 자신의 실력을 뽐내기 시작했다.

최근의 커피문화는 크게 세 가지의 흐름으로 나타낼 수 있는데, 첫째는 에스프레소 카페처럼 바리스타들이 반자동 에스프레소 기계를 이용하여 커피를 만들고 고객에게 서비스하는 매장이다. 이는 다양한 고객들의 취향에 맞게 최상의 맛과 서비스를 제공할 수 있다.

둘째는 공공장소에서 흔히 볼 수 있는 자판기기계이다. 유럽에서는 공공장소에서 에스프레소 자동기계를 흔하게 볼 수 있는데 동전을 이용하여 원하는 커피메뉴를 간편하게 즐긴다.

마지막으로는 가정이나 사무실에서 편리하게 접할 수 있는 Bag형태의 커피이다. 최근에는 최상의 커피를 분쇄하고 과학적인 포장을 통해 산화를 억제하고 신선도를 상당기간 유지할 수 있는 커피가 빠르게 보급되고 있다. 이 커피는 신선함과 편리함을 모두 포함하고 있어서 소비자에게 많은 사랑을 받고 있고 앞으로의 대중적인 커피시스템이 될 것이라 기대하고 있다.

section 3 세계의 커피문화

아랍 세계에서 유럽으로 전파

독일 아우구스부르크의 의사이며 식물학자였던 레온하르트 라우볼프(Leonhard Rauwolf, 1535~1596)가 중동지방을 여행한 후 남긴 여행기(1582~1583)를 보면 그 당시 중동사람들이 커피를 일상생활에서 애용하고 있었음을 짐작할 수 있다. 그가 알레포(터키의 한 지방)에서 억류생활을 하며 이슬람들의 생활상을 관찰하고 나서 쓴 이 책에서 커피 음료에 대한 얘기를 길게 묘사하고 있다. '차우베(chaube)라고 하는 잉크 같이 검은색의 음료를 뜨겁게 마시는데, 배가 아플 때 마시면 좋다. 또한 공공 장소에서 다른 사람들과 어울려 자유롭게 즐긴다. 이 음료를 만들기 위해 그들은 분

누(bunnu)라는 나무의 열매를 이용 한다'라고 기록하였다.

초기 무슬림 교도들에 의해 아덴(Aden)을 거쳐 메카(Mecca)와 메디나(Medina)로 전파된 커피는 종교적인 용도로 음용되었다. 그 후 커피의 매력에 빠진 사람들이 종교적인 회합을 떠나 일상생활에서 커피를 즐기기 시작했으며 그때 나타난 아랍 최초의 커피하우스는 카베 카네(Kaveh Kanes)로 그 안에서 노래, 춤, 게임, 시사적 토론 등 여러 사회적 활동들이 이루어지게 된다.

그러나 그 당시의 정치지도자들은 사람들이 모여서 서로 토론하고 정치적 의견을 교환하는 것을 꺼렸으며 커피하우스를 그러한 역할로 받아들였다. 따라서 커피 소비를 금지하고 판매를 금하며 커피하우스의 문을 닫게 하였다.

커피금지령

1511년 메카의 엄격한 통치자였건 카이르 베이(Kair Bey)는 사람들의 커피 소비를 최초로 금지시켰다. 기록에 의하면 그는 대중의 커피 소비를 와인의 소비라고 생각하여 커피의 소비를 금하려고 하였으나 대중의 반발로 곧 포기하였다.

터키를 거쳐 로마에 들어온 커피를 당시에 가톨릭교도들은 못마땅하게 생각하였으며 당시 교황이었던 클레멘스 8세에게 금지령을 내려줄 것을 촉구하였다. 그러나 커피의 맛을 본 교황은 오히려 커피를 축성하고 가톨릭교도의 음료라고 동인하였다. 그리하여 유럽에서 커피는 더욱 빠르게 퍼져 나갔다.

커피하우스의 문화

커피는 이집트 카이로를 통해서 콘스탄티노플에 알려지게 되었고 곧이어 이탈리아의 베니스, 로마에도 전파되었다. 베니스에는 1615년에 전해져 'caffe'라 불렸고, 1645년에는 베니스의 산마르코 광장에 커피점이 오픈되었다. 1616년에는 네덜란드에, 1641년에는 영국에, 1644년에는 마르세유에, 1657년에는 파리로 전해져 'caffe'라 불렸다. 1650년에는 옥스퍼드에서, 1652년에는 런던에서, 1659년에 파리에서 각각 커피하우스가 오픈되었다. 1683년 오스만트루크에 의한 제2차 빈 포위가 실패했을 때, 유출되었던 커피 생콩을 사용하여 같은 해 빈에서 커피하우스가 오픈되었다. 북미에는 이민에 의해 1668년에 전해져 1696년에는 뉴욕에서 커피하우스가 오픈 되었다.

유럽과 미국으로의 커피 이동

이탈리아

로마보다 베니스에 먼저 커피가 도입된 이유는 바다에 인접한 베니스의 지리적 여건으로 인하여 레반트(그리스와 이집트 사이의 지중해 연안) 지역의 무역상의 베니스의 상인과 활발한 무역거래를 하였기 때문이라고 추측된다. 1720년 베니스의 플로리오노 프란세스코니(Floriono Francesconi)에 카페 플로리안(Caffe Florian)이 열리게 되었으며 현재까지도 산마르코 광장에 역사적으로 현존하는 유명한 카페이다. 이탈리아에서 커피하우스는 곧 로마, 피렌체, 밀라노 등 다른 도시로 퍼져나가기 시작하였다.

프랑스

파리보다 항구도시였던 마르세이유에 먼저 도입되었던 커피는 터키 대사인 솔리만 아가(Soliman Agar)가 파리로 부임하며 커피를 들여와 파리 사교계에 커피의 유행을 가져왔고 그 후 프로코피오 콜텔리(Procopio de Colteli 혹은 Cultelli)에 의해 공식적인 파리 최초의 커피하우스인 카페 프로코프(Cafe de Procope)가 코미디 프랑세즈 극장 근처에 만들어져 작가, 배우, 음악가들이 모이는 장소가 되었다.

오스트리아

오스트리아에서는 커피 문화는 오스만트루크족이 퇴각하면서 놓고 간 커피로부터 시작되었다. 콜쉬츠키는 전쟁 중에 투르크족으로 위장하고 전령으로 활동하다가 전쟁 후에 버려진 커피 자루들을 발견하여 1683년 비엔나의 최초의 커피하우스를 열었다. 그는 터키식 커피가 아닌 여과식 커피를 도입했다고 알려졌으며 커피에 꿀과 우유를 첨가하여 아랍식 커피에서 유럽 사람들의 구미에 맞는 커피를 개발하였다고 한다.

영국

영국의 커피하우스는 다양한 분야와 계층의 사람들이 모여 의견을 교환하고 토론하여 문화의 중심지 역할을 하였다. 17세기 영국의 커피하우스는 페니 유니버시티(Penny University)라고도 불렸으며 이는 적은 돈(Penny)으로 많은 지식을 얻을 수 있었기 때문이었다.

런던 최초의 커피하우스는 1652년 파스콰 로제(Pasqua Rosee)가 콘힐(Cornhill)의 성 마이클 거리(St. Michaels Alley)에 열었다고 한다. 런던의 무역상이었던 다니엘 에드워드는 터키에서 커피를 접하고 즐겨 마시게 되어 커피 시중을 들던 파스콰 로제(아르메니아인 또는 그리스인이라는 기록이 있음)를 런던으로 데리고 와 커피를 소개하였으며 점차 많은 사람들이 찾게 되자 커피하우스를 열게 되었다고 한다.

특히, 런던의 로이드 커피하우스는 나중에 세계 유수의 로이드 보험회사가 되었는데, 당시 선원들과 무역상들이 모여 들어 배의 선적 리스트, 항해, 일정, 보험, 상담 등을 서로 알려 주면서 커피하우스가 발전하였다고 한다. 이 시대에 만들어진 또 하나의 관습은 팁(tip : to insure promptness)이다. 팁은 커피하우스나 주점에서 신속한 서비스를 제공받기 위하여 손님들이 동전을 주선 습관에서 비롯되었다.

독일

독일도 다른 유럽의 나라와 마찬가지로 항구도시인 함부르크에 커피가 도입되고 영국인들에 의해 커피하우스가 생겼다. 그 후 베를린 등 남부와 북부 독일에 커피가 퍼져 나갔다. 그러나 고가인 커피 가격으로 인하여 서민들이 마음대로 커피를 즐길 수 없어 불편이 생기게 되고 당시 국왕이었던 프리드리히 대왕은 맥주 소비를 권장하고 커피 소비를 제한할 것을 권하는 성명서를 발효하였다. 바흐의 '커피칸타타'로 커피 소비를 제한하는 요지의 내용을 담고 있다.

Tip

♬ Coffee Break

바흐의 '커피칸타타'는 시인 피칸더(Picamder)의 우화(parisian fables)에서 영감을 얻어 작곡한 곡으로 아버지가 커피애호가인 딸에게 커피를 끊을 것을 종용하고 있으나 딸은 오히려 커피의 자유로운 소비를 주장했다는 내용이다.

미국

미국에서는 1676년 보스턴 최초의 커피하우스가 나타났다. 커피, 차와 맥주가 같이 팔리는 커피하우스 겸 주점(taverns)의 역할을 하였다. 차에 무거운 세금을 물리게 한 영국 정부에 대한 반발로 일어난 유명한 역사적 사전인 보스턴 티파티(Boston Tea Party)사건으로 차의 음용은 위축되었으며 커피는 더욱 빠른 속도로 미국에 확산되었다.

모던 에스프레소 기계는 1945년 밀라노의 아킬레 가지아(Achille Gaggia)에 의해 개발되었다. 캘리포니아 버클리에 알프레드 피트(Alfred Peet)에 의해 The First Peet's Coffee & Tea 가게가 1966년에 시작되었고 그는 최초로 양질의 원두를 로스팅하여 커피를 만드는 데 관심을 기울인 사람이다. 그 후 그는 스타벅스(Starbucks)의 창시자에게 원두를 공급하고 제조법을 알려주었다. 1971년 미국 시애틀에서 제리 볼드윈(Jerry Baldwin), 고든 보커(Gordon Bowker), 지브 시글(Zev Siegl)에 의해 다국적 커피하우스인 스타벅스가 시작되었다. 하워드 슐츠(Howard Schultz)가 1982년 합류하면서 40개국 이상의 1만 6,600점포로 확장되어 현재의 다국적 거대기업으로 발전하였다. 스타벅스는 단순히 커피만을 판매하는 것이 아니라 커피와 동시에 문화를 판매한다고 내세우며 안락하고 쾌적한 인테리어와 브랜드 이미지는 갖춘 커피전문점의 도입에 앞장섰다.

Chapter 2

커피의 식물학

Section 01. 커피나무

Section 02. 커피나무의 열매

Section 03. 커피 생두의 종류 및 분류

section 1 커피나무

커피는 식물학적으로 Rubiaceae과 Coffea속에 속하는 다년생 상록 쌍떡잎 식물로 분류된다. 커피는 종에 따라 차이가 많아 작은 관목에서부터 10m 이상(17m도 있음) 자라는 종도 있지만, 일반적으로 재배종은 수확을 용이하게 하고 최적의 수확량을 얻을 수 있는 나무모양을 유지하기 위해 3~5m 정도로 관리된다. 특별히 콜롬비아에서는 2m 정도로 재배되고 있어 개화 및 수확이 쉽고, 보다 경제적인 경작이 가능하다. 잎의 색깔은 주로 광택이 나는 녹색이지만, 다소 보라색이 나는 것부터 노란색까지 다양하다. 커피나무를 심은 후 주로 아라비카종은 3~4년만에 꽃이 피고 4~5년생부터 정상적인 수확이 가능하나, 일부 로부스타종은 2년만에도 상당량의 수확이 가능하다.

세계 최대 커피수확국가인 브라질이 서리로 인해 큰 피해를 입을 경우 로부스타종의 품귀현상에 대비하기 위해 많은 나라가 로부스타종을 심고 있다. 커피나무는 약 20~30년 동안 수확이 가능하다.

커피 속의 식물은 아프리카와 아시아 열대 지방에 약 40여종이 자라지만 현재 커피 생산용으로 재배되는 식물의 약 70%가 아라비카 커피나무 종이다. 이 종의 재배가 가능한 지역은 남북위 25°까지의 열대와 아열대 지역이며 연강우량이 1,500mm 이상 되는 곳이다. 커피콩을 생산하는 것은 이 품종뿐만이 아니므로 다른 품종과 구별할 때는 아라비카 커피나무라고 부른다. 이 품종에는 변종인 모카를 비롯하여 많은 품종이 있다.

아라비카 커피나무 외에 현재 재배되고 있는 커피나무는 로부스타 커피나무(C. robusta) · 리베리카 커피나무(C. liberica) 등이 있다. 로부스타 커피나무는 아프리카 콩고 지방이 원산지이고 병충해에 강하며 인도네시아에서 생산되는 커피의 85%를 차지한다. 리베리카 커피나무는 모카와 로부스타 커피나무보다 훨씬 크고 튼튼하지만, 커피콩의 향기가 떨어지므로 다른 종류와 섞어서 사용한다.

커피꽃

꽃잎은 5장이며 수술은 5개, 암술은 1개로 구성되어 있다. 꽃은 아침에 피어서 낮 동안 계속 피어 있고 수정이 되면 꽃밥이 갈색으로 변하여 이틀 후 꽃이 떨어지게 되는데, 씨방 부분이 발달하게 되어 열매를 맺게 된다.

꽃은 보통 건기에 피게 되어 우기와 건기의 구별이 명확하지 않은 적도 지역에서는 1년에 여러 차례 꽃이 핀다. 꽃이 시들고 수주 후 작은 열매가 달리는데 이것이 성숙하면 체리가 된다. 아라비카종은 자가 수분, 로부스타종은 타가 수분을 한다.

뿌리

뿌리는 가운데 곧게 뻗은 중심 뿌리에서 가지 친 뿌리들이 옆으로 30~50cm 정도로 뻗어 나가는데, 적색토에서 1m 이상도 뻗어 나간다.

토양 조건이 적합한 경우 뿌리는 $15m^2$ 정도의 토양에서 영양분을 섭취하게 되는데, 습도가 높고 토양이 조밀한 경우에는 뿌리가 대부분 위쪽으로 뻗으며 건조하고 태양에 노출된 토양에서는 뿌리가 아래쪽으로 발달하게 된다.

뿌리의 성장에 최적의 기온 조건은 25℃ 이상이 되어야 한다.

잎

모양은 긴 타원형이고 잎이 두꺼우며 가장자리가 파도모양으로 되어있다.

어린잎은 품종에 따라 옅은 녹색이거나 브론즈 색을 가지고 티피카종은 시간이 지나면서 브론즈색이 옅어지게 된다.

면적은 상태에 따라 다른데 보통 20~$45m^2$ 정도이며, 잎이 처음 나고 50~60일 정도가 지나면 성숙하여 광합성을 하게 된다.

section 2 커피나무의 열매

체리

커피나무를 심은 지 2~4년이 지나면 흰 꽃을 피우고 꽃이 지면 녹색의 열매가 열린 후 그 열매가 익어감에 따라 옅은 노랑, 분홍, 밝은 빨강, 검붉은 색을 띠는데 이것을 우리는 흔히 체리(Cherry)라 부른다. 체리는 붉은 색을 띠는 것도 있지만 노란색을 띠는 경우도 있는데 이 때는 처음 초록색을 띠다가 익어감에 따라 탁한 노랑, 투명한 색의 노랑, 진한 노란색으로 변한다. 커피 꽃의 향기는 재스민을 닮은 달콤하고 상큼한 향기를 가지고 있다. 꽃잎은 아라비카종 5장, 로부스타종 5장, 리베리카종 7~9장이지만 개화 후 2~3일 정도 지나면 바로 져버린다. 커피콩의 밀도 조직은 단단할수록 고급이며 단단한 정도는 밀도로 표시한다. 해발고도 600~2000m의 높고 서늘한 지역에서 자란 콩들은 상대적으로 조직이 덜 단단하여 밀도가 낮다. 대부분의 커피콩은 밀도가 1.1~1.3g/ml이다

커피콩의 표준 수분함량은 12%이다. 그러나 13% 이상일 때는 수송과 저장 과정에서 곰팡이가 번식하기 쉬우며 8~9%일 때는 오래된 것일 수 있다.

체리의 구조로 말하자면, 외과피에 해당하는 맨 바깥의 겉껍질을 벗기면 중과피에 해당하는 약 2mm 두께의 젤리 같은 미끈미끈한 점액질의 과육 부분이 있는데 이를 펄프라고 부르며 그 안에서 생두를 감싸고 있는 단단한 껍질의 내과피가 파치먼트이다. 내과피 각각의 생두를 감싸고 있는 얇은 막을 은피라고 부른다.

생두는 빈이라고 하는데 특히 가공되지 않은 상태의 빈을 그린 빈이라고 하며, 보통 체리 안에서 두 쪽이 마주보고 있는 것이 일반적이며 한쪽면이 평평하여 플랫 빈이라 부른다.

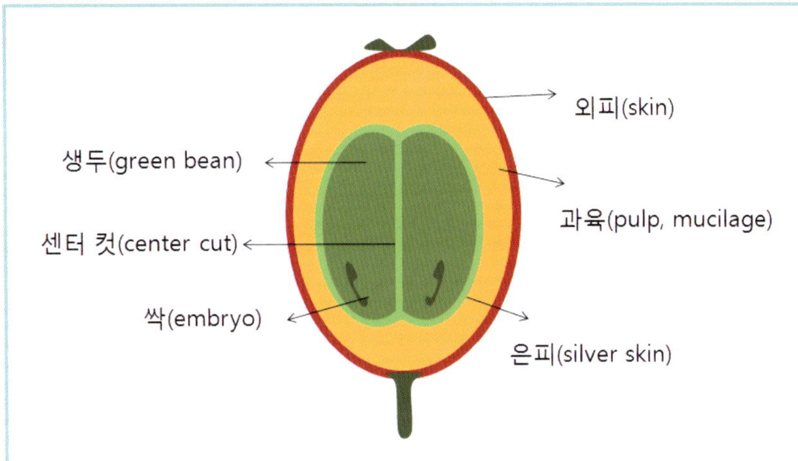

피베리(Peaberry)

원래는 체리 안에 2개의 콩을 가지고 있으나, 유전적 결함이나 환경적 조건 또는 불완전한 수정으로 인해 1개의 콩만을 가지고 있는 경우가 발견되는데 이를 '피베리'라고 한다.

일반 콩과 품질이 비슷하나 스페셜 등급으로 팔리기도 하며, 피베리가 1% 증가시 전체 생산량은 0.75% 정도 감소하게 된다. 또한 체리 안에 생두가 3개 이상 들어있는 경우도 종종 발견되는데 1개를 가질 때는 '피베리', 3개를 가질 때는 '트라이앵글러 빈'이라고 부른다.

피베리는 일반적으로 체리 안에 한 개의 콩만 자라기 때문에 일반콩과는 달리 둥근 모양을 하고 있고 크기가 작으며 신맛이 강하다.

플랫 빈(Flat bean)

피베리(Peaberry)

section 3 커피 생두의 종류 및 분류

아라비카(Coffea Arabica)

에티오피아가 원산지인 아라비카종은 원두커피를 만드는 주된 원료이고 로부스타와 배전두의 모양이 비슷하지만 잎의 모양과 색깔, 꽃 등에서 미세하게 차이를 보인다.

다 자란 크기가 5~6m이고 평균 기온 20℃, 해발 1,800m의 고지대에서까지 재배된다. 특히 30℃ 이상의 온도에서는 2일 이상을 견디지 못하는 등 기후, 토양, 질병에 상당히 민감하다.

원두의 아라비카종은 아메리카 지역에서 가장 선호되는 커피로 향기가 부드럽고 카페인 함량이 로부스타종(아라비카종 1~1.7%, 로부스타종 2~2.5%)보다 적다는 특색이 있다. 전 세계에서 생산되는 원두의 약 70%를 차지하는 아라비카종은 크게 마일드와 브라질로 나눈다. 마일드는 에티오피아 고산지대가 원산지로 맛과 향이 뛰어나고 생산량도 많다. 브라질은 세계 제일의 산출량을 자랑하는 품종으로 원두의 모양은 원형 또는 타원형으로서 부드럽고 신맛이 강하다. 중남미의 과테말라, 콜롬비아, 아프리카의 케냐, 탄자니아 등 대부분의 커피 생산국들이 아라비카종을 생산 수출하고 있다.

로부스타(Caffea Robusta)

원산지는 아프리카 콩고로 잎과 나무의 키가 아라비카종 보다 크며 열매도 리베리카종이나 아라비카종 보다 크다. 또한 다 자란 키는 8~10m이며 30℃ 이상의 온도에 7~8일 정도 견딜 수 있어 아라비카종 보다 기생충과 질병에 대한 저항력이 강하고 아라비카종이 자랄 수 없는 해발 500~600m에서도 잘 자란다.

인도네시아, 앙골라, 우간다 등지에서 재배되는 로부스타종의 원두는 아라비카종과 달리 불룩하고 둥글며 홈이 곧고 회색빛이 도는 푸른색을 띤다. 로부스타종은 전 세계 생산량의 20~30%를 차지하지만 아라비카에 비해 카페인 함량이 많으며 쓴맛이 강하고 향이 부족하여 스트레이트 커피로 만들기에는 적합하지 않다.

하지만, 경제적 이점이 있기 때문에 상업적으로 재배하여 인스턴트커피의 주원료로 이용하고 있다.

| 대표적인 아라비카 품종 |

품 종	내 용	특 징
Typica	아라비카 원종에 가장 가까운 품종	• 콩은 긴 편, 좋은 향과 산미 • 녹병에 취약, shading이 필요하면 격년 생산으로 생산성이 낮은 편
Bourbon	Typica의 돌연변이종	센터컷은 S자형, 콩은 작고 둥근 편, 수확량은 Typica에 비해 20~30% 많음
Caturra	브라질에서 발견된 Bourbon의 돌연변이종	• 콩의 크기는 소형, 녹병에 강함 • 격년으로 생산, 나무 키는 작음, 신맛이 강한 특징
Mundo Novo	브라질에서 발견된 Bourbon과 수마트라의 자연 교배종	환경 적응력이 좋음, 콩의 크기는 다양
Catuai	CatuaiMundo Novo와 Caturra의 교배종	병충해와 강풍에 강함, 매년 생산이 가능, 생산 기간이 타 품종에 비해 10년 정도 짧은 것이 단점
Kent	인도 고유 품종	생산성이 높고 특히 녹병에 강함
Amarello	체리 색이 녹색이다.	나무의 키가 작음, 생산성이 높음
Catimor	Timor와 Caturra의 교배종	다수확을 자랑, 체리사이즈가 큰 편
Timor	아라비카와 로부스타의 교배종	녹병에 강함, 콩 크기가 큰 편, 쓴맛 강함
Maragogype	Typica의 돌연변이 종 (일명 '코끼리빈'이라 함)	• 스크린 사이즈 19 이상 • 카페인이 적은 편, 수분함량 적어 딱딱함
Peaberry	커피 열매에 한 개의 콩만을 가지고 있는 경우	• 발생 원인은 유전적 결함, 환경적 조건, 불완전한 수정 • 일반 콩과 품질 비슷, 스페셜 등급으로 팔림

리베리카(Coffea Riberica)

리베리카종은 아프리카의 라이베리아가 원산지인 품종인데 재배 역사는 아라비카종 보다 훨씬 짧다. 꽃, 잎, 열매의 크기는 아라비카나 로부스타 보다 크고 내병성, 적응성이 뛰어나 재배하기 쉬우며 저지대에서 자란다.

재배 지역이 리베리아, 수리남, 가이아나 등인 리베리카종은 일부 유럽으로 수출되지만 대개 자국 소비에 그친다. 리베리카종은 아라비카종 보다 향미가 떨어지고 쓴맛이 지나치게 강하다.

Chapter 3

커피의 생산 및 가공

Section 01. 커피벨트

Section 02. 커피의 재배, 수확, 처리과정

Section 03. 커피의 가공

Section 04. 커피의 건조방식

Section 05. 커피의 보관

section 1 커피벨트

대부분의 커피나무가 자라고 있는 곳은 적도를 중심으로 남위 23도 27분, 북위23도 27분 내의 열대, 아열대 기후에 속하는 나라들로 연간 강수량이 1,500mm 이상의 지역들이다. 이 지역들은 지도에서 하나의 띠를 이루고 있는데 이것을 커피벨트라고 한다.

브라질이나 인도의 몬순 지역처럼 건기와 우기가 뚜렷한 곳도 유리하다. 나무에 꽃이 피어 열매를 맺을 때까지를 우기, 열매가 익어 일차적인 가공을 할 때 까지가 건기로 구별이 된다면 훨씬 좋은 원두를 생산할 수 있기 때문이다. 토양도 매우 중요하다. 현재 커피 재배 지역은 대부분 화강암 풍화 지대로 토양이 비옥하고 배수가 잘된다. 대표적인 생산국으로는 브라질, 콜롬비아, 인도네시아, 인도, 케냐 등의 60개 국가에서 전 세계 대부분의 판매량을 생산하고 있다.

Tip 커피벨트에 속한 나라들

세계에서 커피 생산을 제일 많이 하고 있는 브라질로부터 시작하여 중앙아메리카 지역에서 페루, 콜롬비아, 코스타리카, 엘살바도르, 과테말라, 멕시코, 하와이, 아름다운 섬나라 자메이카와 쿠바, 도미니카가 '커피벨트'내에 위치하고 있다, 아프리카에선 에티오피아와 탄자니아, 케냐, 예멘이 있고, 동남아에서는 베트남과 인도네시아에서 커피를 생산한다. 이들 나라 모두는 60여 개 국에 달하며 커피를 생산하여 전 세계에 수출하고 있다.

자메이카
멕시코
과테말라
니카라과
코스타리카
하와이
쿠바
베네수엘라
파나마
콜롬비아
에콰도르
페루
브라질
리베리아
에콰도르 퀴니아
센트럴 아프리카
토고
예멘
에티오피아
케냐
우간다
탄자니아
앙고라
자이르
마다가스카
인디아
스리랑카
라오스
베트남
필리핀
인도네시아
수마트라
자바
파파뉴시니아

section 2 커피의 재배, 수확, 처리과정

씨앗심기

수확을 위한 첫 단계는 파종으로서, 파치먼트 상태로 심어야 한다. 보관 상태만 좋다면 건조시킨 파치먼트도 가능하나 되도록 건실한 것이 바람직하다. 파종을 하는 시기는 정해져 있는 것이 아니고 연중 어느 때나 가능하다. 파종은 아라비카종과 로부스타종 사이에 차이가 있는데, 로부스타종은 땅에 그냥 씨앗을 뿌리면 된다.

반면 아라비카종은 모래판에 파치먼트를 반쯤만 묻히게 두고 그 위에 젖은 짚을 덮어 둔다.

커피나무의 증식에는 뿌리를 나누어 증식하는 분근법, 원목에 접붙이는 법 및 조직배양법 등의 여러 방법들이 많이 사용되고 있는데, 일반적으로 선발된 양질의 파치먼트 커피를 파종하여 이용하고 있다.

비료를 섞은 비옥한 흙을 넣은 비닐제의 포트의 묘상에 파치먼트 커피를 뿌리고 그늘에서 충분히 물을 주면 약 1~2일이 지나면 씨눈이 나오는데, 이때 각각 하나씩 묘목용 화분으로 옮겨 심는다. 묘목용 화분은 폭이 약 10cm, 높이가 50cm 정도가 바람직하다.

발아하면 양쪽으로 떡잎이 나오게 되는데, 이때 짚으로 된 그늘막을 만들어 준다. 이 그늘막은 조리와 같은 역할을 하는 것으로 직사광선에 노출되는 것과 비가 왔을 때 빗방울이 잎에 직접 닿는 것을 막아 준다.

40~60일에 발아되고, 약 50일 더 경과하면 파치먼트가 벌어져서 떡잎이 나온다. 떡잎이 나오

고 파종 후 6~9개월에서 40~50cm로 자라고 잎사귀는 3개 이상이 되면 묘목을 농장으로 이식한다. 이식할 때에는 상품적 가치를 높이기 위하여 건강한 묘목들만 선별한다.

이식 밀도는 성장된 커피나무가 아라비카종은 3,100~3,400그루/ha, 로부스타종은 2,100~2,400그루/ha이다.

또한 어린나무를 강한 직사광선으로부터 지키기 위하여 차광목으로 바나나, 밀감, 포도, 키위, 망고 등을 주위에 심고, 토양의 보호, 건조방지, 잡초방지, 저온상승의 방지를 위하여 뿌리 부분을 마른 풀이나 나뭇잎 등으로 덮어준다. 더욱이 가지의 수를 늘려서 수량을 증가시키는 것과 함께 나무 높이를 수확하기 쉽도록 제한하기 위하여 가지치기 작업을 시행하고, 적당히 비료를 사용하면서 관수를 한다.

열매 맺기

커피나무의 키는 아라비카종은 5~6m이고, 로부스타종은 7~12m 재배용은 수확하기 쉽도록 보통 1.5~2m정도 되도록 손질한다.

묘목을 농장에 이식하고 3년 후부터 체리를 수확할 수 있는데 4~10년까지는 수확량이 많지만 20년 후부터는 급격히 감소한다. 그래서 심은 지 수 년이 지난 나무의 경우 가지치기를 하여 다시 수확량을 늘리기도 한다.

보통 이식 후 3~5년에 흰 꽃이 피고, 개화 후 6~8개월에서 완숙하여 적흑색으로 된 과실을 채집한다. 개화기는 지역에 따라 차이가 나는데 아라비카종의 경우, 콜롬비아에서는 연중 개화되며, 브라질은 4~9월, 에티오피아 10~12월에 개화한다.

로부스타종은 콩고 9~11월, 인도네시아 5~12월에 개화하는데 수확기도 이에 따라 변한다. 5년 정도부터 수량이 안정되고, 경제적으로는 20~30년 동안 수확할 수 있지만, 보통은 15년째 정도에서 뿌리 상단부에서부터 20~30cm의 장소에서 줄기를 자르고, 남은 줄기에서 나온 새로운 싹으로 재생시킨다. 생두의 수확량은 아라비카종 330kg/ha, 리베리카종 450kg/ha, 로부스타종 810kg/ha으로 알려져 있다.

수확

체리가 다 익고 나면 수확기가 시작되는데, 수확을 하는 방식은 농장의 상황에 따라 몇 가지로 분류된다.

첫째는, 핸드피킹(hand-picking)이라고 하는데 잘 익은 것을 직접 골라서 따는 방식이다.

보통 수확하는 사람들이 허리에 바구니를 차고 잘 익은 체리만 따서 넣는다. 수확한 체리에 바람이 잘 통할 수 있도록 바구니는 대부분 나무로 엮어서 만든다.

또 다른 방법으로 나무 밑에 커다란 천을 깔아 놓고 익은 체리를 따서 떨어뜨린 후 한꺼번에 수거하기도 한다. 안 익은 체리는 남겨 두었다가 다 익으면 따는데, 보통 1주일 간격으로 작업이 이루어진다.

이 기간 중에는 남녀노소 할 것 없이 농장의 인력은 모두 동원되고, 손이 모자랄 경우 사람을 따로 고용하여 수확하기도 한다. 노동력 손실과 인건비가 많이 든다는 단점이 있지만, 다 익은 체리만 선별하여 수확하기 때문에 고품질의 커피를 생산할 수 있다.

둘째는, 스트리핑(stripping)이다. 손으로 수확하기는 하나 체리를 하나씩 따는 것이 아니라 가지 전체를 훑어 내는 방식이다. 따라서 체리와 함께 잎사귀, 나뭇가지들도 떨어져 나오게 된다. 보통 나무 밑에 천을 깔아 놓고 떨어진 체리를 한꺼 번에 수거한다.

핸드 피킹에 비해서는 손이 덜 가지만, 익지 않은 체리도 함께 수확하기 때문에 커피 맛에 안 좋은 영향을 줄 수 있다.

셋째는, 메커니컬 피킹(Mechanical picking)이라고 한다.

기계를 이용하여 수확하는 방식으로 기계는 커피나무 전체를 감쌀 수 있을 정도의 크기로, 높이 2.5m, 폭 1.5m 정도이다. 일반적으로 기계와 수확된 체리를 담을 수 있는 컨테이너가 한 조를 이루어 같이 움직인다. 먼저 기계에 달려 있는 수십 개의 봉들이 나뭇가지를 털어 주면, 체리가 자동적으로 수확되어 기계의 일부인 관을 타고 컨테이너에 담기게 된다. 보통 브라질의 대규모 농장들에서 많이 사용하는데, 사람 손으로 일일이 수확이 어렵기 때문이다.

수확은 한 가지에 열려 있는 체리가 약 70% 정도 익었을 때 시작된다. 노동력 손실이 적기는 하나, 스트리핑과 마찬가지로 안 익은 체리들까지 한꺼번에 수확되어 커피 맛에 부정적인 영향을 미치기도 한다.

section 3 커피의 가공

Washed (습식가공방식 - 세척방식)

물을 이용해서 체리를 싸고 있는 여러 단계의 껍질을 부드럽게 차례로 벗겨내는 방식이다. 장점으로는 수확 후에 커피체리가 공기에 노출되는 시간을 최소화(12~24시간 이내) 할 수 있다는 것이다. 좀 더 부드럽고 감미로운 풍미를 느낄 수 있다.

수확 & 선별(Harvest & Select)

- Hand Picking
- Strip Picking
- Machine Harvest

세척 & 선별(Washed & Select)

- 물에 띄워 세척 선별
- 기계적으로 세척 선별

과육제거

기계를 이용해 과육 제거

발효

Silo에 넣어 24시간 정도 끈적끈적한 물질(Mucilage)을 제거하는 것을 말한다. 그러나 금세기에 들어 발효된 파치먼트 커피를 씻어낼 때 생기는 막대한 물이 환경오염의 원인으로 부각되면서 Mucilage를 짜내거나 원심분리의 원리를 이용해, 회정을 통해 제거하는 방식이 각광받고 있으며 이를 Eco-Process로 부른다.

세척(Washing)

건조(Dry)

포장(Package)

저장(Storage)

도정(Hulling)

선별(Selective)

포장(Package)

수출(Export)

Unwashed(Natural, 건식가공방식 - 자연건조방식)

커피 맛에서 과실수의 풍미와 생산지의 토질 감을 느낄 수 있고 세척방식으로 생산한 빈에 비해서 바디가 좀 더 묵직하다는 평가를 받고 있는 서아프리카 지역에서 주로 채택된 방식.

❶ 수확(Harvest) > ❷ 건조(Sundry) > ❸ 저장(Storage) > ❹ 도정(Hulling) > ❺ 선별(Selective) > ❻ 포장(Package) > ❼ 수출(Export)

Tip 몬순커피

자연건조 방식으로 가공을 한 그린빈을 몬순기후라고 하는 계절풍이 많은 지역에서 커피를 특별히 계절풍에 쏘여 장기간 자연 건조시키는 방식으로 생산하는 커피이다. 2~3주 정도가 지나면 빈은 바람에 실려 오는 습도를 머금어 부풀어 올라 커지면서 풍미의 변화를 가져오고 색깔은 노란빛을 띠게 된다. 산미가 적게 느껴지며 입안에서의 느낌이 묵직하고 달콤하다. 인도와 인도네시아에서 주로 생산되며 인도의 말라바AA가 대표적이다.

Semi-washed (반세척 방식)

'펄프 내추럴 커피'라고도 하는데, 브라질에서 개발되고 발달한 방식으로 과정은 모두 기계를 이용하고, 체리를 수확하자마자 외피를 제거한 후 과육에 싸인 채로 말려 생두에 말라붙은 과육을 벗겨내는 것이다. 그리고 물로 씻어 내어 인공건조실에서 말린다. 건조법과 세척법으로 생산한 빈의 특징을 함께 갖고 있어서 깨끗하면서도 과실향의 풍미를 내는 커피로 평가 받고 있다.

❶ 수확 & 선별(Harvest & Select) > ❷ 세척 & 선별(Washed & Select) >
❸ 과육제거 > ❹ 건조(Sundry) > ❺ 저장(Storage) > ❻ 도정(Hulling) >
❼ 선별(Selective) > ❽ 포장(Package) > ❾ 수출(Export)

section 4 커피의 건조방식

수분함량이 60~65%인 커피를 12%이하로 낮춰 장기간 보관하기 위해 건조과정을 거친다. 수분함량이 너무 낮으면 탈곡과정에서 커피가 깨어지는 경우가 많으며, 너무 높으면 곰팡이 등으로 인해 커피가 손상을 입게 된다.

건조방법의 종류에는 햇빛을 이용한 건조(Sun dry), 기계를 이용한 건조(Machine Dry)방식으로 크게 나눈다. 햇빛을 이용한 건조 방식은 파티오(Patio)라고 하는 콘크리트나 아스팔트, 타일로 된 건조장에 체리나 파치먼트 상태의 커피를 널어 놓은 후 갈퀴로 여러번 뒤집어 골고루 건조가 되도록 하는 방식이다. 파티오 외에 건조대를 이용한 Table 방식과 온실을 이용한 Plastic shed방식이 있다. 테이블 방식을 이용하는 경우에는 파티오를 이용한 방식보다 통풍이 잘 되며 위생적이고 건조시간이 빠르다. 기계를 이용한 건조방식(Machine Dry)은 커피의 수분함량이 20%정도 되었을 때 건조기계를 이용하여 40~45℃의 온도에서 수분함량이 12%가 되도록 건조하는 방식이다.

section 5 커피의 보관

보관의 중요성

커피의 상업적인 가치를 위해서는 잘 보관해야할 필요가 있다. 우선 커피는 생리적 활동을 하는 살아있는 존재이며, 보관 상태에 따라 씨앗으로 상용할 때 발아율이 달라진다. 그리고 보관 장소의 환경에 따라 맛과 향이 쉽게 변하고 생산자에서 계약자에게 전달되는 기간이 상당히 소요되므로 장기간 보관하게 되는 경우가 많이 발생한다.

영향을 주는 요인

생리적 영향

보관 시 호흡과 증발작용이 일어나게 되는데, 호흡작용은 열과 수분을 발생시켜 중량을 줄이고 지방과 같은 생두의 성분을 변질시키고 양을 줄인다.

생존력

발아율이 낮은 씨앗은 비정상적이거나 기형, 성장이 부진한 나무를 파종시킨다.

커피가 체리나 파치먼트 상태로 수분 함유율 15~18%일 때 발아 능력이 잘 유지되며 상대습도 35~55%, 온도 5~15℃일 때 생존력이 5개월 정도 유지된다.

그렇기 때문에 수분함유율과 상대습도는 생두의 악화를 부르는 가장 큰 요소이며 온도 또한 커피의 품질에 큰 영향을 주는 요소이다.

대기 성분

산소가 많이 함유되어 있으면 증발작용이 일어나 씨앗의 대사 활동이 왕성해지게 되는데 이런 증발작용을 줄이기 위해 산소를 줄이고 이산화탄소를 늘려 생두의 저장 수명을 연장시킨다.

보관 기간

정상적인 조건하에서 생두의 보관기간은 일반적으로 1년 정도이다.

로부스타(Robusta)의 경우 로부스타 고유의 거친 맛과 나무맛(woody)을 줄이기 위해 6개월간 보관하는 것이 더 유리하다.

고도 및 기타요건

고도가 낮아지면 보관 기간도 짧아지는데, 그렇기 때문에 보관시설은 높은 고지대에 위치하는 것이 바람직하다.

커피의 품종과 가공 방법에 따라 보관 조건에 따른 반응이 다른데 아라비카는 로부스타에 비해 조건에 더 민감하며 워시드 커피는 내추럴 커피보다 더 영향을 받는다.

생두는 가장 일반적인 보관 형태로 환경요건에 제일 큰 영향을 받는다. 건조된 체리는 보관에 가장 좋은 형태이나 부피가 크기 때문에 공간을 많이 차지하고 해충의 피해가 쉽다. 건조된 파치먼트 커피는 파치먼트가 보호막 역할을 하기 때문에 장기간 보관이 가능하나 보관에 보다 많은 공간이 필요하다.

Chapter 4

커피의 등급 및 분류

Section 01. 결점두

Section 02. 생두의 품질 및 등급분류

section 1 결점두

결점두란 생두 중에 결함이 있는 콩이다. 원인은 매우 다양하며 로스팅과 맛에 좋지 않은 영향을 주기 때문에 커핑이나 로스팅 전에 핸드 픽을 하여 선별해야 한다. 결점두는 수확 과정과 가공 과정 즉 발효나 건조 과정과 탈곡, 보관 등, 전 과정에서 발생하게 된다.

▌미국 스페셜티 커피협회(SCAA)에 의한 분류▐

종류	특성	1. 발생원인 / 2. 로스팅 / 3. 맛
Hull / Husk	짙은 색을 띤 마른 펄프 조각	1. 내추럴 커피의 잘못된 탈곡이나 선별 과정 2. 로스팅이 되거나 타버림 3. moldy, earthy, dirty, phenolic
Black been	내부나 외부 표면이 완전히 혹은 부분적으로 검은 콩으로 비교적 가볍고 센터 컷이 벌어져 있으며 보트(boat) 형태	1. 커피가 너무 늦게 수확되었거나 흙과 접촉하여 발효한 경우 2. 로스팅이 잘 되지 않으며 칙칙하고 희끄무레한 색을 띔 3. ferment, stinker, dirty, sour, moldy, phenolic
Sour been	노르스름하거나 불그스레한 갈색을 띤 발효된 콩으로 콩을 잘라보면 식초같은 시큼한 냄새가 남	1. 너무 익은 체리나 땅에 떨어진 체리의 수확, 가공 과정에서 오염된 물 사용, 습기 상태에서 나무에 계속 매달린 채 발효 2. 옅은 색상, 불균일한 로스팅 3. stinker, sour, fermented
Dry Cherry / pod	일부 혹은 전부가 마른껍질에 쌓여있는 콩	1. 습식 가공에서는 잘못된 펄핑 과정, 건식 가공에서는 잘못된 탈곡이나 분류 2. 발화 위험 3. ferment, moldy, phenolic
Fungus Damage	곰팡이에 의해 노란색이나 적갈색을 띤 콩	1. 곰팡이가 성장할 수 있는 온도와 습도 상태 2. 없음 3. fermented, moldy, earthy, dirty,
Insect Damage	해충이 지름 0.3mm의 구멍을 한 개나 여러 개 뚫어 놓은 콩	1. 벌레의 공격 2. 정상 콩보다 짙은 로스팅 3. dirty, sour, moldy, rioy

foreign Matter	돌이나 나뭇가지 등 커피 이외의 이물질	1. 수확이나 선별 과정에서 제대로 제거하지 못한 경우 2. 돌은 로스팅이 없으며 나뭇가지는 발화의 위험이 있다 3. 없음
Parchment	건조된 파치먼트가 완전히 혹은 부분적으로 감싸고 있는 콩	1. 불완전한 탈곡 2. 발화 위험 3. 없음
Floater	하얗거나 색이 바랜 콩으로 가벼워서 물에 뜸	1. 부적당한 보관이나 건조 2. 거무스름한 색깔, 내부가 덜 익음 3. ferment, weed/straw-like, earthy, moldy
Immature / Unripe	은피가 단단하게 붙어 있고 콩이 오목하며 크기가 작고 끝이 날카로움	1. 익지 않은 상태에서 수확 2. 더디고 불균일한 로스팅, 옅은 색깔을 띰 3. astringent
Withered been	건포도와 같이 주름지고 작고 기형인 콩	1. 발육기간 동안의 부족한 수분 공급 2. 없음 3. grassy, weed/straw-like
Shell	얇은 껍질을 가진 조개나 귀 모양의 기형적인 콩	1. 유전적 원인 2. 발화 위험과 불균일한 로스팅 색깔이 더 짙거나 잘 부스러짐 3. 탄맛, 많은 shell은 쓴맛의 원인
Broken / Chipped / Cut	깨진 콩이나 콩 조각	1. 펄핑 과정과 주로 잘못된 탈곡 2. 고르지 않은 로스팅 3. earthy, dirty, sour, fermented

section 2 생두의 품질 및 등급분류

생두의 품질요소와 기준

생두의 품질과 등급을 결정하는 요소로는 향미, 크기, 색상, 밀도, 수분함량, 결점수 등이 있는데, 이외에도 커피의 품종 재배고도 가공과 선별 등에 의하여 등급이 결정된다. 그렇지만 그 중 재배지의 토양과 기후조건이 생두의 품질에 많은 영향을 준다. 또한 생두를 수확하고 가공하는 방법과 저장기간도 품질에 영향을 준다.

향미

커피의 맛과 향기를 종합하여 '향미(Flavor)'라고 하며, 커피의 가장 중요한 품질요소이다. 커피콩의 향미등급을 브라질에서는 6단계, 즉 Strictly Soft(충분하게 부드럽게하고 향미가 있는 맛), Soft(매끈하고 감미가 있는 맛), Softish(부드러운급에서 조금 모자란 커피콩), Hard(날카로운 자극이 있는 맛, 강한 떫은맛), Rioysh(가벼운 요오드 포름 냄새의 맛), Rioy(요오드 포름 냄새의 맛)로 표시한다. 미국 스페셜티커피협회(SCAA)는 커피의 향미를 ① 향기(Aroma), ② 상큼한 맛(Acidity), ③ 중후한 맛(Body), ④ 향미(Flavor), ⑤ 뒷맛(After Taste), ⑥ 전체적 균형감(Balance)의 여섯 가지 관능요소로 평가한다.

크기

커피콩은 클수록 상급품이다. 브라질에서는 17/64 Inch 이상의 커피콩은 Large, Very Large, Extra Large로, 15~16/64 Inch의 커피콩은 Medium으로, 14/64 Inch 이하의 크기는 Small 및 Peaberry 등급으로 나눈다. 아프리카에서는 커피 콩의 등급을 AA(특대), A(대), B(중), C(소), PB(피베리) 등으로 나누며, 아이보리코스트에서는 커피콩 크기를 1, 2, 3으로, 케냐는 AA, A 등으로 표시한다.

색상

커피콩은 청록색이 상급품이며, 황갈색은 하급품이다. 아라비카종은 일반적으로 청록색에서 녹황색이며, 로부스타종은 백색에서 황갈색이다. 커피콩의 색상은 국제표준기구(ISO)에서 정한 5단계 색상기준인 Bluish, Greenish, Whitish, Yellowish, Brownish을 사용하며, 커피콩을 오래 저장하면 황갈색으로 변한다.

밀도

커피콩은 밀도가 클수록 상급품이다. 800m의 높은 지역에서 자란 콩은 밀도가 크고, 평탄한 지역에서 자란 콩은 밀도가 작다. 대부분의 커피콩의 밀도는 1.10~1.30g/ml이고 밀도가 클수록 향기가 풍부하다.

수분함량

커피콩의 표준수분함량은 11%이고, 13% 이상이 될 경우, 저장 중에 곰팡이가 번식하기 쉬우며, 수분함량이 9% 이하이면 오래된 콩으로 향미가 떨어진다. 수분이 1% 많아지면 약 8%의 가격이 높아지므로 구매 시 꼭 측정해야한다. 11%를 초과하는 수분량은 커피콩의 가격에서 공제하는 경우가 많다.

결점수

생두에 섞여 있는 결점두와 이물질의 양에 따라 결정되는 결점수는 커피품질의 국제적 기준이 된다.

여러 가지 결점두와 이물질은 블랙빈계수로 환산하여 전체결점수를 표시한다.

생두의 분류

생두의 크기에 따른 분류

스크린 테스트를 통하여 크기별로 분류를 하며 콜롬비아나 케냐에서 주로 사용한다.

콜롬비아

등급	크기
Supremo	사이즈 18 이상
Excelso	사이즈 15 이상
U.G.O	사이즈 14 미만

케냐

등급	크기
AA	사이즈 17~18
AB	사이즈 15~16
C	사이즈 14~15
저급	TT.T.UG 등

재배 고도에 따른 분류

재배 고도별로 분류하는 방법으로 과테말라, 온두라스, 멕시코 등에서 사용된다.

등급	크기
Strictly Hard Bean (SHB)	1,600~1,700m
Hard Bean (HB)	1,350~1,500m
Semi Hard Bean (SH)	1,200~1,350m

결점두 수에 따른 분류

에티오피아, 인도네시아에서 사용하는 방법이다.

등급	결점두 수
Grade 1	0~3
Grade 2	4~12
Grade 3	13~25
Grade 4	26~45

Chapter 5

로스팅 및 블랜딩

section 1 커피 로스팅

로스팅의 원리

배전이라 함은 커피 생두에 적당한 온도의 열을 가하여 일정 시간 동안 커피의 내부 조직을 변화시키는 가공 공정을 말하며 배전 강도에 따라 크게 약배전, 중배전, 강배전으로 나뉘는데 배전 강도가 강할수록 신맛이 약해지고 쓴맛이 강해진다.

나라마다 커피의 음용 방법에 따라 조금씩 다르게 배전의 정도가 달라지기도 한다.

로스팅의 반응

로스팅의 과정 중 원두의 변화

커피의 로스팅은 여러 단계들 중에서 가장 중요한 일이며, 커피에 대한 폭넓은 이해와 원두 각각의 특성을 알고 있어야 할 수 있는 작업이다. 로스팅은 날씨의 변화에 많은 영향을 받게 되는데, 그렇기 때문에 로스팅에 숙련된 사람은 공기 온도와 습도를 체크하고 그 결과에 따라 로스팅의 조건을 그때마다 달리한다.

커피는 로스팅을 하면서 그 특유의 맛과 향이 다시 창조되어지는데, 원두에 열을 가하게 되면 커피는 작게는 36가지 화학반응부터 넓게는 700여 가지의 화학반응이 일어나게 된다.

- 커피 생두의 기본적인 세포 구조는 녹아 없어지며 팝콘같이 '펑'하고 터진다. 단백질은 소화제 성분으로 변하여 원두의 표면에 향기로운 식물성 기름을 형성하게 되는데, 이 향은 휘발성이 있어서 커피의 맛과 향기를 전달하며 또한 물에 잘 녹는다. 이러한 커피의 독특한 맛과 향기를 우리가 즐기게 되는 것이다.
- 커피를 볶는 과정에서 적은 산소량을 갖는다. 커피는 볶아지기 시작하자마자 원두의 표면에서는 산화 현상이 일어나면서 맛과 향을 빼앗아 가기 시작한다. 원두가 강배전 되었을 때 원두 표면에는 오일이 응고되기 시작하면서 산화 현상이 활발히 진행되어 탄 맛과 불쾌한 맛이 생기기 시작한다. 커피의 특성이 전혀 없는 생두가 원두커피로 바뀌는 것은 볶는 과정을 통하여 나타나는 여러 화학적 변화의 결과이다.

즉, 서로 다른 맛이 조화를 이루고 카라멜화 반응으로 갈변 물질이 생성됨으로 인하여 진한 검은색의 액체를 얻을 수 있게 되는 것이다. 커피를 잘 볶기 위해서는 많은 경험과 정성을 필요로 한다. 지나치게 높은 온도에서 볶으면 콩의 내부가 물리, 화학적 반응을 일으키기 전에 외부가 먼저 타버리게 된다.

또 지나치게 낮은 온도에서 볶을 경우에는 커피 특유의 향기가 없는 밋밋한 제품이 되어 버리게 된다. 향 자체는 저분자 휘발성 물질이 대부분이기 때문에 열에 오랫동안 노출될 경우에는 쉽게 날아가 버리기 때문이다. 따라서 생두를 볶을 때에는 가능한 한 짧은 시간에 효과적인 화학 변화만을 일으킬 수 있는 범위 내에서 작업을 마쳐야 한다. 이렇듯 로스팅 과정은 여러 단계 중 연속적이고 끊임없이 노력해야 할 매혹적인 과정이며 커피나무에서 열매(체리)를 수확 후 자연이 만들어낸 창조물에 대한 가장 큰 도전이다.

로스팅 시 온도의 변화

미리 예열된 로스팅 머신에 생두를 투입하면 실온의 생두에 의해 내부의 뜨거운 온도가 떨어지게 되며 이후 점점 올라가면서 온도 차이는 줄어들게 된다. 커피콩의 표면과 커피콩의 내부에는 온도차이가 존재하므로 표면은 적정 로스팅이 된 것처럼 보일 수 있지만 실질적으로 내부는 그렇지 않다.

구분	온도 상승	원두의 팽창도	추출 효율
Roasting Curve 1	느릴 경우	가스 발생의 속도가 느려 팽창도가 낮음	감소
Roasting Curve 2	빠를 경우	가스 발생의 속도가 빨라 팽창도가 높음	상승

흡열 반응과 발열 반응

로스팅을 진행하면 약 165℃까지는 흡열 반응을 하며 이후에는 발열 반응을 거치게 된다. 크랙 시에는 순간적으로 열을 흡수하는 반응이 일어난 후 발열 반응이 일어나므로 전체적으로 흡열과 발열반응이 공존하는 형태이지만 로스팅 후반으로 접어들면 극렬한 발열 반응으로 인하여 화력을 줄여도 로스팅 머신의 온도계가 급상승하는 경향이 있으므로 상당히 주의를 기울여야 하며, 이로 인해 사전에 화력을 줄이거나 심지어는 화력을 중단(off)하고 진행하기도 한다.

로스팅의 단계

제1단계(증발 단계)

커피콩에 뜨거운 열을 가하여 볶아 내부 조직의 온도가 115℃까지 서서히 오르며 커피콩의 수분이 증발하는 단계이다. 로스팅의 전체 과정 중 절반 이상을 차지하는 단계이다.

제2단계(팽창 단계)

가열이 계속 진행되면서 커피 조직의 내부 온도가 130℃가 되면 커피의 색상이 황갈색으로 서서히 변하기 시작하며 팽창하기 시작한다.

140℃가 되면 커피콩의 탄수화물, 지방, 단백질, 유기산 등의 분해가 시작되고 탄산가스의 방출과 조직의 팽창이 시작된다. 커피콩의 향은 풋내를 거쳐 빵 냄새로 변한다.

제3단계(로스팅 단계)

이 단계에서는 다양한 열 반응이 일어나면서 팽창이 일어나게 되는데, 무게는 감소하고 부피는 증가하며 메일라드 반응에 의하여 색상은 점점 어두워진다. 커피 조직의 내부 온도가 150℃가 되면 커피콩의 중심부가 팽창되며 1차 팽창 음을 내는데 여기까지는 흡열 반응에 해당된다. 1차 팽창 음이 시작되면 코끝을 자극하는 강한 향이 발산되기 시작하는데 주의할 것은 향의 발산이 짧다.

제4단계(냉각 단계)

발열 반응으로 전환되면서 향기 성분이 본격적으로 생성되기 시작하고 온도가 더 높아져 190℃가 되면 조직에 미세한 균열이 생기기 시작하며 200℃에 이르면 향기 성분 생성과 갈변이 더욱 활발하게 진행되고 커피콩이 건열 분해되면서 열을 발산하며 조직이 2차로 팽창하게 된다.

건열 분해가 짧게 진해되는 동안 갈변 반응이 일어나는데 카라멜당, 유기산, 알데히드, 지방산 등 볶은 커피의 맛과 향을 구성하는 성분이 생성되며 커피콩의 색상은 엷은 갈색에서 흑갈색으로 변한다.

배전이 더 진행되면 맛과 향기가 가장 좋아지는 최적의 단계에 이르는데, 이때 커피콩은 짙은 갈색이며 달콤한 맛과 고소한 맛이 최고이고 향기는 짙으며 신맛은 조금 줄어든다.

커피콩 조직의 내부 온도가 220~230℃가 되면 배전을 중단하고 찬 공기로 빨리 냉각하여 배전을 끝낸다. 냉각 단계에서는 커피콩의 반응이 더 일어나지 않도록 내부 온도를 강제적으로 또한 순간적(1분 이내)으로 100℃이하로 낮춘다.

로스팅의 정도 분류

원두는 로스팅 과정을 거쳐야만 맛과 향을 가질 수 있다. 원두를 볶아주는 작업인 로스팅은 사용하는 기계에 따라 다른데, 보통 12~20분 동안 섭씨 180~250℃의 온도에서 로스팅이 이루어진다. 이 작업이 거의 끝날 무렵이면 원두는 갈색을 띠게 되고, 맛과 향을 내는 휘발 성분을 갖는다.

배전 원두의 색상을 기준으로 분류하는 방법

그린빈

생두를 로스팅 하기 전 초기의 단계이다. 색깔은 연녹색에서부터 짙은 초록색까지 산지별로 다양하다.

라이트 로스팅

감미로운 향기가 나지만 이 단계의 원두를 가지고 커피를 추출하면 쓴맛, 단맛, 깊은 맛은 거의 느낄 수 없다. 생두를 로스터에 투입해 생두가 열을 흡수하면서 수분이 빠져나가도록 하는 초기단계로 이때 생두는 누런색으로 변화된다.

시나몬 로스팅

뛰어난 신맛을 갖는 원두이며 그 신맛을 즐기고 싶다면 이 단계의 원두가 최적이다. 신맛이 강하고 커피향은 약하다. 아메리칸 로스트와 같은 의미로 사용되고 있다. 누런색이던 원두가 계피색을 띠게 된다. 커피 생두의 외피가 왕성하게 제거되기 시작한다.

미디엄 로스팅

첫 번째 팽창이 있는 후부터 두 번째 팽창을 하기 전까지의 단계로 생두는 충분히 부풀어 있는 상태이고 색상 또한 급격하게 변하기 시작한다. 커피의 특징인 신맛과 쓴맛, 그리고 독특한 향기가 함께 나타나기 시작한다. 많이 이용되는 방법이다. 아메리칸 로스트라고도 한다. 신맛이 주역인 아메리칸 커피는 이단계의 원두가 최적이다. 식사 중에 마시는 커피, 추출해서 마실 수 있는 기초 단계이며 원두는 밤색을 띤다.

하이 로스팅

두 번째 팽창을 시작한 후부터이며 미디엄 로스트보다 약간 더 진행된 상태를 말한다. 신맛이 약간 남고 쓴맛이 점점 강해지면서 감미로운 냄새가 난다. 높은 온도에서 볶을 경우에는 이때부터 프렌치, 이탈리안 로스트까지 빠른 속도로 진행된다. 여기서부터 신맛이 엷어지고 단맛이 나기 시작한다. 가장 일반적인 단계로 갈색의 커피가 된다.

시티 로스팅

조금씩 기름기가 배어나오기 시작한다. 신맛은 거의 없어지고 쓴맛과 달콤한 향기가 나는 것이 특징이다. 저먼(german) 로스트라고도 한다. 맛과 향이 대체로 표준이며 풍부한 갈색을 띠게 된다.

풀시티 로스팅

어느 정도 강하게 볶은 것으로 기름기가 전체에 돌기 시작한다. 신맛은 거의 없어지고 쓴맛과 진한 맛이 커피맛의 정점에 올라서는 단계이다. 아이스커피 용도로 사용할 수 있다. 크림을 가미하여 마시는 유럽 스타일, 원두의 색깔은 짙은 갈색으로 변하며 에스프레소 커피용의 표준이다.

프렌치 로스팅

기름기가 전체에 번져 흐르고 색상은 검게 된다. 쓴맛, 진한 맛에 중후한 맛이 강조된다. 쓴맛이 다른 맛을 압도하기 때문에 아이스커피에 주로 사용한다. 풀 시티에서 몇 초만 지나면 프렌치 로스트 상태가 된다.

이탈리안 로스팅

탄화되어 표면이 완전히 검게 되어버린다. 쓴맛과 진한맛의 최대치에 달한다. 원두에 따라서는 타는 냄새가 나는 경우도 있다. 예전에는 이 로스팅이 에스프레소용으로 많이 선호되었으나 현재는 터키 커피 등에 약간 이용 될 뿐 점차 줄어드는 경향을 보이고 있다.

Agtron 기기 이용법

전 세계에서는 무수히 많은 산지별 생두와 로스터가 존재하며 각기 다른 로스

팅 방법으로 각양각색의 커피가 생산되고 있다. 이에 일정한 기준을 제시하고자 미국 스페셜티커피협회(SCAA)에서 색상 분류집(Roast Classification)을 고안하여 단계별로 기준을 제시하고 Agtron이라는 기계를 사용하여 측정한다.

Level	Agtron	특징
라이트 로스팅	#95	• 엷은 갈색 • 신맛, 향, 바디감 없음
시나몬 로스팅	#85	• 시나몬 색상 • 신맛 강함, 단맛이 조금 있음
미디움 로스팅	#75	• 신맛 강함 • 단맛 생성
하이 로스팅	#65	• 신맛이 약해짐 • 바디감 생성
시티 로스팅	#55	• 신맛이 사라짐 • 품종의 특성이 발현됨
풀시티 로스팅	#45	• 단맛이 강함 • 표면에 오일이 비침
프렌치 로스팅	#35	• 품종의 특성이 줄어듦 • 바디감이 강함 • 표면에 오일이 더욱 많이 발생
이탈리안 로스팅	#25	• 바디감이 줄어듦 • 쓴맛이 강해짐

로스팅 과정의 물리적, 화학적 변화

로스팅 과정의 물리적 변화

색상

로스팅을 하는 과정 중에 커피콩은 열을 받으면서 색이 변하게 되는데 이때, 생산 고도에 따라 색이 약간씩 다르게 나타나는 경향이 있지만 보통 색의 변화를 보면 밝은 색에서 어두운 색으로 변하는데, 초기의 밝은 색은 수분증발에 의한 것이고 어두운 색으로 진행되는 것은 당분의 카라멜화 반응, 단백질의 메일라드 반응에 의한 멜라노이딘과 어두운 색의 메일라드 반응 물질의 생성을 기인한다. 열이 더 많이 받을수록 반응은 많이 일어나게 되고 색상 변화는 더욱 빨라지므로 이러한 변화정도를 파악하여 로스팅 정도를 파악할 수 있다.

고지대 생두	녹색 → 노란색 → 어두운 갈색 → 검은색
저지대 생두	녹색 → 옅은 백색 → 노란색 → 어두운 갈색 → 검은색

부피

커피콩의 수분은 열을 흡수하면서 기체 상태가 되는데, 이는 커피콩 세포 내 압력을 증가시키며 로스팅 중반 이후부터는 열 반응을 통하여 이산화탄소가 다량 생성되는 관계로 이러한 내부 가스 압력에 의해 커피콩은 커지게 되며 통상 20기압에 달하게 된다. 배전 중의 부피 변화에 있어서 커피콩은 열에 의해 조직이 팽창하면서 부피가 2~5배 커지는데 부피는 볶음의 정도와 배전 방법, 커피콩의 종류에 따라 많이 달라진다. 약한 볶음에는 2~3배, 강한 볶음에는 3~5배가 커진다.

무게

주로 약 12%에 달하는 수분이 증발하기 때문에 커피콩의 무게가 감소하는 것이지만 유기 물질이 열 변화를 통해서 분쇄하거나 합성되어 이산화탄소를 만들거나 휘발성 높은 물질로 바뀌어 방출되는 것도 원인에 속한다.

약 로스팅	약 15~17% 무게 감소
중 로스팅	약 18~19% 무게 감소
강 로스팅	약 20~22% 무게 감소

밀도

무게 감소, 부피의 증가로 인해 밀도가 감소하게 되는데 생두 550~700g/ml 일 때 원두는 통상 320~460g/ml 정도이며 아라비카에 비해 로부스타의 무게 감소가 더욱 크므로 밀도 또한 로부스타가 더욱 감소된다.

수분

수분은 로스팅을 통하여 감소하지만 로스팅이 완료되었다고 수분 함량이

0%가 되는 것은 아니다. 통상 로스팅 직후 수분은 0.5~3.5% 정도이며 로스팅 중앙부터 발열 반응이 시작되면 산화작용을 통하여 물이 일부분 생성되기도 한다.(최대 4%)

지질 이동

로스팅을 통하여 세포 내 압력이 높아지면 지질은 가스의 방출력에 의해 커피콩 표면으로 이동하여 표면에 기름기가 맺히게 된다.

로스팅 과정의 화학적 변화

화학적 변화에서 가용성 성분인 수분 함량은 11%에서 1~5%로 감소하며 이외의 다른 성분도 200℃이상의 높은 열로 분해되어 증발되거나 다른 화합물로 변하는데 주요 당분과 단백질, 유기산 등이 갈변반응을 나타내면서 가용성 성분으로 바뀌게 된다.

로스팅 전에는 26% 정도 커피콩의 가용성 성분이 함유되어 있으나 로스팅 후에는 27~35%로 증가한다.

배전 중 가스 발생은 커피콩 1g당 2~5ml의 가스를 발산하며 중량이 2% 정도 감소한다. 가스의 87%는 탄산가스로 고온의 열로 인해 검열 반응에 의해 생성된다. 절반 정도는 즉시 방출되지만 나머지 절반은 조직에 남아 향기 성분이 공기 중의 산소와 접촉하는 것을 막아 주는데, 커피를 추출할 때는 끓인 물이 분쇄 커피의 입자 속으로 침투하는 것을 방해하기도 한다.

맛 성분은 주로 가용성인데 커피콩의 종류에 따라 다르다. 일반적으로 단맛은 강하게 볶을 때 증가한다. 신맛은 볶음 정도에 따라 달라지며 일반적으로 라이트 로스트나 시나몬 로스트일 때 가장 강하다.

향기 성분은 중량의 0.5% 미만이 700~2,500ppm으로 매우 적은 양이지만 커피의 가장 중요한 품질 요소이다. 맛에도 크게 영향을 주어 양이 적으면 맛없는 커피 또는 중후함이 없는 커피가 된다. 볶음 정도의 진행에 따라 향기 성분이 증가하다가 프렌치 로스트나 이탈리안 로스트에 이르면 오히려 감소한다. 고온에서 단시간보다는 저온에서 장시간 볶아야 향기가 더 풍부하게 생성된다.

유기물질 손실

로스팅 중에는 유기물질의 함량이 감소하는데 이는 로스팅 정도에 비례하여 강하게 로스팅 할수록 더욱 많은 손실이 일어난다.

약 로스팅	약 1~5% 유기물질 손실
중 로스팅	약 5~8% 유기물질 손실
강 로스팅	약 8~12% 유기물질 손실

카페인

카페인은 열에 매우 안정적이며 로스팅 중에는 승화로 인하여 소량 감소하는데 아주 극소량만 줄어들 뿐이다. 카페인은 커피의 쓴맛 정도에 약 10% 정도로 영향을 주지만 아라비카종에 비해 로부스타종이 많다는 특징이 있다.

트리고넬린

트리고넬린의 손실은 로스팅 정도에 비례하는데 180℃에서 60%가 감소하고 250℃에서는 85% 정도가 감소한다.

트리고넬린의 열분해로 인하여 나오는 피리딘과 같은 분해 물질은 커피의 향미에 기여 한다.

단백질과 아미노산

고단백질의 함량은 로스팅으로 아주 약간만 변화하고 질소 성분은 크게 변화하여 아미노계 질소는 일반적으로 20~40% 정도 감소하지만 강하게 로스팅을 하면 50% 정도 줄어든다. 근본적으로 생두의 모든 단백질은 로스팅 중에 변성되고 아미노산의 구성 또한 글루탐산과 같은 안정적인 것은 남아 있지만 그 외 대부분은 줄어들거나 완전히 파괴된다. 에스프레소 거품을 만들어 내는 성질은 단백질의 함량과 관련이 있다.

탄수화물

생두에서 단당류와 이당류는 로스팅 이후 Free Sugar만이 흔적 정도로 남아있고 자당은 부분적으로 가수분해되고 나머지는 열분해된다. 다당류는 보다 안정적이며 로스팅 후에도 남아있게 되며 에스프레소 거품의 안정성은 갈락토만난과 아라비노갈락탄과 같은 다당류에 의해 달라지는데 이는 로스팅의 정도에 따라 좌우된다.

클로로겐산

이 산성 물질은 로스팅 중 대부분 분해되며 일부 잔존하는 클로로겐산은 멜라노이딘과 결합하여 대다수가 분해된다. 클로로겐산의 분해로 퀸산과 그 외 다양한 물질들이 생성되는데, 이들 중 페놀류는 향에 영향을 주고 일부 분해 물질들은 신맛이 나고 수렴성 맛을 낸다.

지질

지질은 로스팅의 영향을 거의 받지 않으며 지질의 대부분은 커피콩 세포 구조 내에 갇혀 있으며 탄수화물의 분해로 발생되는 이산화탄소는 지질이 산소와 접촉하는 것을 막아 주지만 강하게 로스팅을 할 경우에는 대부분의 세포가 파괴되어 쉽게 지질이 표면으로 이동할 수 있게 된다.

section 2 커피 블렌딩

커피 블랜딩의 의미

블랜딩(Blending)은 에스프레소를 이해하기 위해서 우리가 알고 넘어가야 할 첫 번째 관문이다. 전문가들은 커피 맛의 80%는 생두에서부터 좌우된다고 말한다. 그만큼 생두의 품질과 가공처리 과정이 중요하다는 이야기이다.

여기에서 말하는 블랜딩은 커피의 선별과 배합을 통칭하는 개념이다. 거기에는 생산단계와 가공처리, 로스팅과 블랜딩 등 원두커피의 품질을 결정하는 몇 가지 중요한 과정들이 포함되어 있다. 특히 좋은 생두를 고르기 위한 컵 테스트, 좋은 맛과 향을 위한 블랜딩 테크닉은 좋은 에스프레소를 위한 첫 출발점이자, 그 품질과 일관성 유지 여부를 결정하는 가장 중요한 요소로 손꼽힌다. 이 때문에 세계적으로도 유명한 유럽의 대형 커피회사들은 이 부분에 특히 많은 노력을 기울이고 있다.

커피 블랜딩의 원칙

생두는 품종에 따라 각각 지니고 있는 맛과 향의 특성이 다르다. 때문에 특정 종류의 생두에 부족한 점을 다른 종류로 보강시켜줌으로써 더욱 조화로운 맛과 향을 추구해야 한다.

블랜딩 할 때 생두는 유통이나 가격에 무리가 없고 품질이 안정된 것을 선택해야 한다. 가격에 치우쳐 저급한 품질의 생두를 사용할 경우에는 양질의 커피를 만들어 낼 수 없다. 또 생두의 종류에 따른 블랜딩 비율은 정확한 계량을 거쳐 결정해야 한다. 보통 2~5 종류의 생두를 혼합하며, 로스팅 후 아무 특징이 없는 커피가 되기 쉬우므로 너무 많은 종류를 섞지 않는 것이 좋다.

로부스타종들은 대개 쓴맛이 강하고 향기는 약하며 카페인 함량은 높다. 그러나 가격적인 이점과 맛의 깊이 및 일관성 유지에 유리하기 때문에 블랜딩을 할 때 폭넓게 이용되고 있다. 여기에 더욱 세련된 맛을 추구하기 위해 아라비카가 가미된다. 아라비카는 맛이 부드럽고 향이 풍부하기 때문에 조화로운 맛을 내는데 필수불가결하며, 특히 꽃향기에서 초콜릿 향에 이르기까지 다양한 맛과 향을 내는 천연 감미료이기도 하다. 단맛과 상큼한 신맛을 내기 위해서는 수세식으로 처리된 아라비카를 섞는 것이 좋다고 알려져 있다.

맛과 향의 균일성 유지를 위해서는 생두 단계에서의 블랜딩 하는 것이 좋다. 일관성 있는 로스팅이 가능할 뿐만 아니라 더욱 조화로운 맛을 추구할 수 있기 때문이다. 생두의 크기와 무게, 특성 등이 각기 다른 상태에서 균일한 정도의 로스팅을 하는 것은 쉬운 일이 아니다. 여기에는 오랜 노하우가 필요하며, 각기 다른 생두에 대한 품질평가와 맛 테스트, 블랜딩 이후의 맛과 향에 대한 종합적인 안목과 확신이 요구된다. 에스프레소를 중심으로 하는 유럽의 대규모 로스팅 회사들은 대개 이 방법을 쓴다. 하지만, 각 원두의 특성과 개성을 살리기 위해서 로스팅 후 블랜딩을 고집하는 경우도 있다. 소규모 로스터들이 주로 쓰는 방법으로, 이럴 경우에는 1차 개별 테스트와 블랜딩 후 2차 테스트를 거쳐야 하는 번거로움이 따른다.

블랜딩은 오랜 경험과 노하우를 요구하는 고도의 테크닉이다. 생두의 품질 감별에서부터 원두의 맛 평가는 물론 각각의 맛을 섞었을 때의 결과에 대한 분석과 예상 능력도 갖추어야 한다. 특히 해마다 기후 변화나 작황에 따라 맛이 미묘하게 달라지는 생두를 가지고 일관된 맛이 나도록 블랜딩 하고 로스팅 하는 것은 쉬운 일이 아니다. 이 때문에 블랜딩 데이터는 각 회사의 노하우이자 극비사항으로 취급된다.

| 커피 블랜딩의 3대 원칙 |

기본 원칙	세부 내용
생두의 성격을 잘 알고 있어야 한다.	• 사용하고자 하는 생두의 장단점을 잘 파악하고 결점을 보충할 수 있는 생두를 선택하는 안목이 요구된다. • 또 각각의 생두를 사용해서 얻을 수 있는 효과 정도를 명확히 예측할 수 있어야 제대로 된 맛을 추구할 수 있다.
안정된 품질을 기본으로 삼는다.	• 블랜딩의 기본이 되는 생두는 브라질, 콜롬비아 등 품질이 안정된 것을 사용하는 것이 좋다. • 가격이 비싸긴 하지만, 공인된 컵 테스트를 통해 인정을 받은 생두를 사용하는 것도 한 방법이다.
개성이 강한 것을 우선으로 한다.	• 개성이 강한 생두를 주재료로 삼고, 섬세한 맛을 보완해줄 수 있는 생두를 보충재로 활용한다. • 대표적인 2종 블랜딩에는 모카자바(Mocha-Java)가 있다. 모카자바는 에티오피아의 모카와 인도네시아의 자바를 반씩 혼합 한 것으로, 맛과 향의 균형과 어울림이 좋은 것으로 알려져 있다.

100% 아라비카 종 블랜딩

볶는 정도를 오일이 커피의 외부로 많이 나오지 않는 풀 시티 정도로 그치는 것이 크레마 형성에 도움이 되는데, 그 정도를 볶았을 때 아라비카가 가지고 있는 Acidity의 영향으로 신맛이 강하게 날 수 있다. 결국 신맛을 줄이고 고소하게 잘 볶아진 맛, 약간의 탄맛 등을 강조하기 위하여 오일이 표면으로 나오는 다크 로스트를 선택할 수밖에 없다. 풍미나 뒷맛이 강하다.

아라비카와 로부스타 블랜딩

약 20~30%의 로부스타를 가미하는 것이 신맛을 줄이고 바디맛을 늘리며 뒷맛을 부드럽게 하여 우리 입맛에 맞는 에스프레소를 만들 수 있다. 또한 크레마의 형성을 두텁게 한다.

★ 에스프레소를 만드는 과정은 어떤 원두가 선택되었더라고 그 특성을 강화시켜주는 경향이 있기 때문에 혼합비율을 고려해야 한다.

Chapter 6

커피의 성분

section 1 커피 조리와 향의 구분 및 평가

향미의 유형

커피의 기본은 향미에 대한 기술 방법에 있다. 커피의 맛에는 단맛, 신맛, 쓴맛, 짠맛과 같은 기본적인 맛과 이 기본적인 맛 사이에 숨어서 조금씩 나타나는 부차적인 맛, 기본적인 맛과 부차적인 맛들끼리 상호 영향에 의하여 맛의 간섭, 그리고 처음 맛을 보았을 때 나타나는 첫맛, 목 뒤로 넘기고 난 후에 느껴지는 뒷맛 등이 있다.

커피의 향에는 기본이 될 만한 향기가 제시되지 않기 때문에 더욱 다양한 범례로 표현하게 된다. 또한, 맛과 향은 서로 다른 성격의 질감이 있으며 맛에 영향을 미치는 온도도 중요한 인자가 된다.

커피의 맛

기본 맛

맛을 느끼기 위해서는 액체 형태로 혀에 접촉해야 한다. 혀에서는 기본적으로 단맛, 신맛, 쓴맛, 짠맛 등 네 가지의 맛을 느끼게 되는데 일부에서는 탄닌과 같은 수렴성 물질에 의해 입안 세포가 수축하면서 느껴지는 감각을 떫은맛이라고 표현하는데 이것은 일반적인 맛과는 차이가 있다. 커핑에서는 한번에 8~10cc의 커피를 강하게 들이마셔서 전체적인 맛을 바로 측정하며 음료를 3~5초간 입안에 머금으면서 신중하게 맛을 판별한다.

단맛

단맛은 설탕, 꿀에서 나타나는 주된 맛으로 사람의 혀는 본질적으로 좋아하는 맛이라고 하여 혀의 앞부분에서 집중적으로 인지된다.

단맛을 내는 물질은 포도당을 비롯하여 단당류, 단백질 및 아미노산류, 알코올류가 있다. 커피에서는 환원당과 카라멜화된 당, 일부 단백질이 단맛을 낸다.

커피 생두에는 5~10%의 당분이 포함되어 있다. 그 대부분은 자당이고 그 밖에 포도당, 과당 등이 있다. 생두를 배전하면 이들 당분은 일부가 카라멜화하고 쓴맛과 향 성분으로 되며, 나머지는 단맛 성분으로 남는다. 또 질 좋은 생두가 알맞게 배전되었을 때 탄닌의 떫은맛 속에 아주 조금씩 느껴지는 단맛이 있다. 이러한 것들이 커피 맛의 미묘한 차이를 부여하는 주역이다. 커피의 단맛은 고온 처리에 따라 쓴맛이 강해졌을 때에는 잘 드러나지 않는다. 단맛은 쓴맛의 강도를 줄여주고 신맛 및 짠맛에 대해 맛의 상호 상승 작용을 일으킨다.

신맛을 내는 물질에 단맛을 내는 물질을 소량 넣어주면 신맛을 더욱 강하게 느낄 수 있고 단맛을 내는 물질에 신맛을 내는 물질을 소량 넣어주면 단맛의 자극이 더욱 강해진다. 이러한 작용은 짠맛에 대해서도 동일하게 나타난다.

커피에서 단맛은 주도적으로 느껴지지는 않으나 이러한 맛의 상승작용에 의해 단맛이 주는 역할은 매우 크다.

신맛

신맛은 식초에서 나타나는 주된 맛으로 혀의 가장자리에서 집중적으로 느껴진다. 커피에서 신맛은 가장 중요한 맛의 인자이다. 자연계에서 신맛은 산성을 띠는 물질에서 나타나는데 커피 역시 산성도 6.5로 약산성을 띤다.

커피의 신맛은 생두의 품질, 저장 기간, 배전 방법, 추출 기술에 따라 변하고 쓴맛과 함께 커피의 맛을 결정짓는 미각 성분이기도 하다. 신맛의 정도는 배전 과정과 관계가 있어 수용성 산이 최대치를 나타낸 뒤 계속 가열하면 함유량이 점점 떨어진다. 그래서 약하

게 볶은 원두에 산이 많이 들어 있는 것이다. 또 추출 과정에 따라서도 미묘한 차이가 난다. 산성 성분을 들면 휘발성 산으로서 포름산, 아세트산이 있고, 비휘발성 산으로서 락트산, 옥살산, 말산, 숙신산, 타르타르산, 시트르산 등이 있다. 좋은 신맛을 느낄 수 있는 커피는 양질의 생두와 고도의 배전 기술에서 탄생한다. 많은 아라비카종 커피들은 고지대에서 재배되며 재배 고도가 높을수록 신맛의 경향이 일정해지는 현상에 따라 신맛의 생성은 중대되고 그 순도는 높아지게 된다.

같은 산성도를 띠더라도 신맛의 느낌 자체가 다른 경우가 많다. 이것은 신맛이 여타맛과 복잡한 관련을 맺고 있기 때문으로 생각된다.

쓴맛

쓴맛은 퀴닌에서 나타나는 주된 맛으로 혀의 뒤쪽에서 많이 느껴진다. 일반적으로 쓴맛은 사람들이 많이 싫어하는 맛으로 '쓰다'라는 말에는 부정적인 어감이 있다. 그러나 쓴맛이 전혀 없는 커피는 아무런 개성 표현이 없어 뭉툭한 느낌을 준다.

쓴맛은 통상적으로 나타나야 하는 맛이며 문제가 되는 경우는 쓴맛이 주도적인 경우로 한정되어 진다. 화학적으로 말하면 카페인 등의 알칼로이드 물질, 클로로겐 등 폴리페놀류, 칼슘 · 마그네슘 등의 금속염, 게다가 원두의 당질과 전분이 일부 섬유 등이 배전 온도가 높아짐에 따라 카라멜화하고, 이들이 물에 녹아 커피 특유의 쓴맛을 구성한다. 신맛이 강한 커피는 쓴맛이 감춰지고 쓴맛이 강한 커피에서는 신맛이 부족하기 쉽다. 그러므로 이 둘의 절묘한 균형이 좋은 커피 맛을 창출한다. 쓴맛은 배전(연소, 탄화, 배기를 포함)의 적부 · 강약 · 추출 시간과 온도 등에 영향 받는 복잡한 맛이다.

짠맛

짠맛은 소금에서 느껴지는 주된 맛이다. 짠맛 역시 주된 맛으로 표현되는 경우에는 좋지 않는 느낌을 가지지만 커피의 맛을 따질 때 없어서는 안 된다. 커피 음료 안의 일정한 염의 작용이 없다면 커피의 맛은 감칠맛을 잃게 되고 아무런 감흥을 주지 못할 것이다. 맛에 대한 활력을 일으키는 주된 원천은 짠맛이다.

떫은맛

배전과 추출 과정에서 잘못이 있을 때, 특히 온도 조건에 지배받기 쉬운 맛이 떫은맛이다. 카페인은 뜨거운 물에 잘 녹기 때문에 높은 온도에서 추출되는 반면, 떫은맛을 내는 탄닌은 뜨거운 물에서는 분해되거나 변질되고 저온에서 잘 녹는다. 그래서 두 번, 세 번 가열 추출하면 카페인의 양은 현저히 줄어드는 대신 탄닌이 많이 나와 쓴맛과 떫은맛이 강해진다. 떫은맛은 이러한 이유에서 변질된 맛이 느껴지는 불쾌한 쓴맛이 나는 경우가 많다. 단, 고품질의 원두와 적절한 추출 기술을 통해 얻어진 양질의 탄닌은 단맛이 있고 맛도 아주 좋다.

커피의 향

커피의 향을 결정하는 물질은 원두를 볶을 때 생겨난다. 향기는 수십 종류의 휘발성 방향물질이 합쳐진 것으로 원두의 종류, 배전 기술, 배전 과정에서 복잡하게 변화한다. 이들이 추출액에 녹아들어 커피의 독특한 방향(芳香)을 낳는다. 향기는 코로 숨을 들이쉬면서 혹은 삼킬 때 증기가 된 것을 내쉬면서 기체 상태의 물질이 후각 수용체와 접촉함으로써 느낀다.

향 종류	내용
아세톤(acetone)	달콤한 향 커피 에센스의 약 20%차지
이메틸푸란 에테르향	배전하는 동안 환원당이 분해되어 생긴 물질
피리딘(pyridine)	자극적인 맛, 쓴맛 배전하는 동안 트리고넬린이 분해되어 생긴 물질
푸르푸를(furfural)	단향 희석 액에서 단향을 갖는다.
피롤(pyrrole)	트리고넬린이 열을 받아 만들어 내는 물질
기타 화학 성분	카페인과 트리고넬린

바람직한 풍미의 단어

단어	의미	대표적인 품종
생기 있고(bright), 맛이 산뜻한(dry), 자극이 강한(sharp), 향기가 강한(snappy)	뚜렷하고 적당히 자극적인 맛	중남미 커피
카라멜 같은(caramelly)	사탕이나 시럽과 비슷한	
초콜릿 같은(chocolaty)	달지 않은 초콜릿 또는 바닐라와 비슷한 뒷맛	
섬세함(Delicate)	혀의 끝에서 지각되는 미묘한 풍미	세척한 뉴기니 아라비카
흙냄새 나는(earthy)	흙의 특징	수마트라 커피
향기로운(fragrant)	꽃향기에서 짜릿한 향기까지를 나타내는 향의 특징	
과일 같은(fruity)	딸기(berry)나 귤(cirtus)을 연상시키는 향의 특징	
농익은(mellow)	신맛이 부족하지만 완만하고 부드러운 맛	
견과류와 같은(nutty)	볶은 견과류를 먹을 때 느낀 맛과 비슷한 뒷맛	
톡 쏘는(spicy)	향신료를 연상시키는 풍미와 향	
감미로운(sweet)	깔깔함이 없는 상태(harshness)	
야생(wildness)	보통 생각되지 않는 활력이 있는 풍미	에티오피아
커피 포도주의 풍미가 있는(winy)	잘 숙성된 와인을 연상시키는 뒷맛	케냐와 예맨 커피

바람직하지 않는 풍미의 단어

단어	의미	대표적인 품종
쓴(bitter)	보통 너무나 볶아서 생기는데 혀의 뒤쪽에서 느껴진다.	
밋밋한(bland)	풍미에 있어서 중성적인 상태	
숯의(carbony)	타서 숯과 같이 너무 진한	
생기가 없는(dead)	맛과 향, 뒷맛이 부족한 상태	
탁한(dirty)	진흙을 먹을 때 느껴지는 케케묵은 느낌	
흙냄새 나는(earthy)	진흙을 먹을 때 느껴지는 케케묵은 느낌	
단조로운(flat)	신맛 향, 뒷맛이 부족한 상태	
풀 내가 나는(grassy)	새로 깍은 잔디밭을 연상시키는 향과 풍미	
거친(harsh)	열렬하고(caustic) 할퀴는 듯하고(clawing), 성깔 있는(raspy) 특징	
탁한(muddy)	걸쭉하고(thick) 무딘(dull)	
곰팡내 나는(musty)	다소 답답하거나 케케묵은 냄새	
요오드 냄새 나는(rioy)	요오드와 같은 특이한 냄새	
거친(rough)	소금을 먹을 때 느껴지는 혀에서 느끼는 감각	
질긴(rubbery)	탄 고무를 연상시키는 냄새와 풍미	자연건조 방식을 사용한 로부스타
부드러운(soft)	풍미에 있어서 중성적인 상태(bland)	
시큼한(sour)	익지 않은 과일에서 느껴지는 시큼한 풍미	
얇은(thin)	대표적으로 추출 부족의 결과로 만들어진 결여된 신맛	
테레빈 같은(turpeny)	송진 내, 테레빈 향, 주로 휘발성이 낮은 탄화수소와 질소 화합물에 의해 생성되며 송진, 소독 냄새를 말함.	
물 같은(watery)	입안에서 느껴지는 농도나 점성의 부족을 말함	
야성의(wild)	너무 튀는 특성	

section 2 커피 성분

수분 · 회분 · 지방 · 조섬유 · 조당분 · 조단백 · 카페인 등이 커피 원두에 들어 있는데, 품종과 환경에 따라 각 성분의 비율은 다르지만 조당분이 가장 많은 비율을 차지한다. 조당분은 열을 가하게 되면 카라멜로 변해 커피색이 된다.

커피의 향과 가장 깊은 관계가 있는 지방은 12~16% 정도가 들어 있고 카페인은 약 1.3%가 들어 있는데, 이것은 커피의 맛에 중요한 역할을 하고 흥분 작용을 일으킨다. 커피의 독특한 쓴맛을 보여주는 카페타닌산은 3~5%가 들어 있다.

카페인(아메리카노는 1잔당 카페인 평균 함량이 75~180mg 정도로 나타남.)

메틸크산티류

카페인은 백색 결정의 알칼로이드로, 크산틴계 흥분제 또는 메틸크산틴류라고 하는 일종의 화합물 중에 하나이다. 카페인 사용에 관한 기록은 서기 1,600년까지 거슬러 올라가고 카페인 함유 음료수의 유행은 고대부터 기원을 둔다. 이 음료에는 흥분 효과가 있어 기분을 좋게 하고 피로를 줄이며 작업 능력을 향상시킨다. 전 세계적으로 매일 일인당 카페인 소비량은 70mg이라고 추정되는데, 이것은 대략 하루에 커피 한 잔을 마시는 것과 비슷한 양이다.

미국에서는 성인의 80% 이상이 레귤러로 소비하는데, 1인 당 하루 211~238mg을 소비한다. 카페인의 가장 대표적인 급원은 커피이다. 미국인이 소비하는 카페인의 75%이상이 커피를 통해서이다. 5온스(1온스는 29ml 정도)짜리 커피 한 잔에는 40~176mg의 카페인이 들어 있다. 카페인의 함량은 커피콩의 종류, 가공과정, 끓이는 과정, 사용하는 커피의 양, 끓이는 시간 등에 따라 달라진다.

생리적인 영향

카페인, 테오필린, 테오브로민은 심장혈관계, 위장과 배설계, 근유계, 신경계에 다음과 같은 영향을 미친다.

행동효과

일반적으로 카페인은 중추 신경계에 대한 작용과 직접적으로 관련하여 행동에 대한 영향을 주게 되는데, 보통 사람들이 1~3잔의 커피를 마시면 민첩성 증대와 피로 감소, 전체적인 운동 수행 능력을 향상하게 된다. 보통의 카페인 사용자에서 32mg정도의 적은 양으로도 시각 반응 시간과 청각 긴장이 크게 향상되는데, 카페인이 피로유발과 운동저하를 상쇄하고 단순 반응 시간과 밤샘 일을 촉진하게 만들어주지만, 섬세한 운동 능력에 대해서는 방해가 된다. 카페인이 가장 민감하게 작용되는 부분은 수면이다. 카페인은 잠이 안 오게 하고 수면 시간을 단축시키며, 수면의 깊이를 낮추고 수면의 질을 악화시킴으로써 수면 양식을 변화시킨다. 하지만 이런 효과에는 개인차가 크다. 수면의 질과 양에 대한 카페인의 효과는 소비량, 개개인의 카페인 소비 정도 등을 비롯한 많은 요인에 의해서 달라진다.

카페인 중독

다량의 카페인은 두통과 신경과민을 불러일으킬 수 있는데, 보통 하루 1,000mg이상의 카페인을 섭취하게 되면 불안 신경증과 유사한 행동이 나타난다. 그리고 이 용량에서는 얼굴에 홍조를 보이거나 오한, 감응성(irritability), 식욕 상실 같은 현상이 나타나기도 한다. 이런 장애를 모두 카페인 중독증이라고 하며, 유기성 정신 장애로서 DSR-IIIR(미국 정신의학 협회 : Americsn Psychiation Association, 1987)에 등록되어 있다.

카페인의 내성과 신체 의존성

약리학에서의 내성은 한 약물을 반복적으로 같은 양을 투여하게 될 때, 약효가 점점 감소된다고 한다. 따라서 한 약물의 열 번째의 용량이 처음 용량만큼 약효가 크게 나타나지가 않는다. 결국 처음 양으로 최소의 약효만을 발휘하게 되어 같은 수준의 약효를 얻기 위하여는 사용량을 계속 늘여야 한다. 많은 약물들이 중복 작용이 있는데 이것은 서로 다른 생리계에 대한 그 작용에서 비롯된다. 내성은 한 약물의 어떤 작용에 대해서는 일어나지만 다른 작용에 대해서는 일어나지 않는다. 예를 들면, 중추 신경계에 대한 카페인 작용의 내성은 다른 작용보다는 잘 일어나진 않는다. 그렇지만, 카페인의 긴장과 수면에 대한 효과를 연구한 최근의 연구에서는 이들 행동에 대한 카페인의 내성이 약물에 폭로 후 4일 이내에 일어날 수 있다는 것을 보여 주고 있다. 비사용자들에게 있어서 카페인은 전형적으로 불안감과 신경과민증을 일으키지만, 이들 감각에 대한 내성은 보통의 카페인 소비자인 경우에는 수 주일내에 일어난다.

신체의존성은 현 약물의 사용을 중지하였을 때 나타나는 금단증상이라는 특이한 증상을 나타나게 하는 것을 말한다. 지난 수십 년 동안, 카페인에 대한 신체의존성은 잘 정리되었다. 가장 일반적인 금단증상은 두통이며, 정신적 우울, 피로, 무관심, 졸림, 주의력 감소, 불안, 신경과민증, 근육 긴장과 같은 증상이 일어나게 된다. 금단증상은 경증부터 중증까지 다양하게 존재하는데, 일상적으로 소비하던 카페인의 양에 비례한다. 보통 섭취를 중지한 후 12~24시간 후에 카페인 금단증상이 시작되는데, 20~48시간 후에 절정에 오르고 5~7일간 계속된다.

치료효과

유아의 호흡 관련 문제와 어린이의 주의력 부족 장애를 위시한 수많은 임상에 효과적인 치료제가 될 수 있다.

수면 시 무호흡

미숙아의 숙면 시 무호흡(sleep apnea)치료에 카페인과 테오필린은 성공적으로 사용되고 있다. 호흡기 이상은 2,500mg미만의 미숙아에서 84%나 증상을 보이게 되는데, 증상은 자고 있을 때 10~20초간 호흡이 정지하곤 한다. 자고 있을 때 이러한 무호흡은 재귀성 저산소혈증과 신경 손상의 위험을 불러온다. 카페인과 테오필린 모두는 미숙아의 무호흡 증상 빈도와 기간을 저감시킬 수 있다. 테오필린은 또한 급성 유아 사망 증상과 관련된 호흡기 이상이 있는 만삭아에서 무호흡의 발생을 감소시키는데 효과적이다.

주의력 결핍과 행동장애

카페인은 가끔 어린 아이들에게서 볼 수 있는 주의력 결핍 과잉 행동 장애(ADHD : attention deficit hyperactivity disorder dml) 치료에 사용되기도 한다. 주의력 결핍 과잉 행동 장애는 어린 나이에 시작되는 증상인데, 과잉 행동, 주의 산만, 공격성, 반사회적 행동이 특징이다. 주의력 결핍 과잉 행동 장애를 가지고 있는 어린이의 60~70%는 대부분 암페타민, 메틸페니데이트와 같은 흥분제에 잘 반응한다. 이들 흥분제들은 주의 범위의 증대, 과잉 행동의 저감, 충동성 감소를 위시한 행동에서의 신속한 변화를 일으킬 수 있다. 하지만 강력한 약물로 수년간 어린이를 위해서 치료를 하는 것은 바람직하지 못하다. 엄밀히 따져서 카페인도 중추 신경계이지만 다른 흥분제에 비해서는 양호한 편이다. 초기 연구에 주의력 결핍 과잉 행동 장애로서 진단된 어린이에게 흥분제 대신 하루 두 잔의 커피를 주었었지만 환자와 보호자 모두 실험에 대해 인지하고 있다는 점 때문에 그다지 아무런 행동의 차이는 없었다. 현재까지는 카페인이 주의력 결핍 과잉 행동 장애 치료에 있어서 강력한 흥분제의 대용품은 될 수 없다는 것을 말해주고 있다.

카페인과 질병

심장 혈관계 질환

하루 6잔 이상의 커피를 마시게 되면 심장마비의 위험이 증가 된다고 하였다. 그렇지만, 후에 연구에선 그 반대의 결과가 등장했다. 예를 들면, 미국 메사추세스주 프레이밍햄에 사는 5,000명의 남자와 여자에 대한 장기간의 연구 결과에서는 심장병과 카페인과의 직접적인 관련에 대한 증거를 발견하지 못하였는데 더구나, 다른 나라에서의 연구에서도 커피소비와 심장마비 또는 허혈성 심장병의 위험성에 대한 아무런 관련성도 발견하지 못했다. 역학 연구는 부정맥의 징조가 있는 사람에게는 과잉의 카페인 섭취가 해로울 수 있다는 것을 시사 하고 있지만, 입증하는 임상적인 연구는 매우 한정되어 있다.

암

1970년대와 1980년대에 행해진 역학 연구에서 커피와 방광암, 췌장암, 난소암 사이에 관련이 있음을 나타내었다. 하지만 연구에서는 카페인 섭취와 췌장암 사이에 직접적인 관계를 입증하지는 못하였다. 유사한 논쟁으로 카페인 소비와 다른 암과의 문제에서도 나타나고 있는데, 카페인과 암과의 관계에 관하여 입증하거나 또는 반박하기 위하여 쥐나 그 밖의 실험동물에게 커피나 카페인을 장기간으로 먹여서 수많은 연구가 행해졌다. 하지만 카페인이 발암 물질이라는 증거는 어떠한 연구에서도 발견되지 않고 있다. 그리하여 결과는 통상적인 소비량으로는 카페인은 발암 물질이 아니라고 결론이 나오고 있다.

카페인과 임신

일반적으로 임신 중에 카페인을 섭취하면 태아에게 유해한 영향을 미치는가 하는 것이 중점인데, 물론 카페인은 태반을 통과하여 태아로 직접 들어간다. 연구에서는 임신 동물에게 카페인을 투여하면 새끼들에게 비율은 낮지만 기관의 발생에서 이상이 나타난다. 그렇지만, 이런 효과는 고용량에서만 일어나고 고용량 일지라도 새끼들 중 낮은 비율로 영향을 받았다. 따라서 동물 실험의 데이터로는 적당량의 카페인 섭취는 거의 위험이 없다는 것으로 보인다. 이 연구 결과와 그 밖의 연구 결과는 임신 중 적당량의 카페인 섭취는 저체중 또는 선천성 기형의 위험을 증대시키지 않는다는 것을 밝히고 있다.

월경전 증후군

식사 때 카페인 함류 음료를 마시느냐에 따라 월경 전 증후군의 증상을 완화시켜준다는 기록이 있는데, 월경 전 증후군에 관한 카페인의 역할을 조사하기 위해 'Rossignol'은 295명의 대학 2학년 여학생들에게 월경 전 증후군의 유·무와 정도, 카페인 함유 음료의 섭취, 카페인 함유 비처방 의약품의 사용 여부 등에 관해 조사하였다. 이 연령층에서 카페인의 주 급원은 콜라로 나타나는데, 이 연구의 결과를 다르게 해석한다면 카페인 함유 음료뿐만 아니라 다른 어떤 음료라도 다량으로 섭취하게 되면 월경 전 증후군과 관련이 있을 수 있다는 것이다.

탈 카페인커피

카페인은 신경과민이나 심계항진 등 건강상의 부작용을 초래하는 것으로 알려져 왔는데, 그렇기 때문에 커피제조업자들은 커피를 좋아하면서도 커피를 꺼리는 소비자와 환자들을 위해서 카페인을 제거한 커피를 생산하려고 노력해 왔다. 그래서 탄생한 것이 원두에 함유되어 있는 카페인이 인체에 부작용을 일으키는 것을 막기 위해 카페인을 제거한 커피, 즉 탈 카페인커피이다. 탈 카페인커피는 1908년 독일인 L.로젤리우스가 화학적 처리에 의해 원두로부터 카페인을 제거하는 공정특허를 낸 데서 비롯된다. 그러나 이 공정에 쓰인 솔벤트(삼염화에틸렌)가 생쥐에게 간암을 유발시키는 것으로 밝혀지자 그는 좀 더 부드러운 솔벤트인 메틸렌염화물을 사용하여 보았는데, 81년 이 메틸렌염화물도 여전히 암을 유발한다는 결과가 나타나자 판로가 막혀버렸다.

그 후, 화학적 처리가 아닌 물처리 공정으로 카페인을 제거하는 새로운 방법이 개발되자, 탈 카페인커피의 인기는 다시 올라가고 있다. 이 물처리 공정으로 만든 커피는 물로 원두에서 카페인성분을 씻어낸 다음, 물에 남아 있는 카페인을 숯으로 제거하는 과정을 거쳐 만들어진다.

카페인을 줄여 커피 마시는 방법

끝물은 버린다.

커피는 끓이면 향이 제일 먼저 추출되고 그 다음으로 맛이 녹아 나오게 된다. 이과정중 가장 마지막에 나오는 것이 카페인이다. 카페인을 줄인 커피를 마시고 싶다면 이 원리를 잘 이용하면 되는데, 전기식 커피메이커인 드립방식으로 커피를 뽑을 경우에는 바닥에 물이 자박자박할 정도로 깔렸을 때 재빨리 스위치를 끄고 커피포트를 빼버리면 된다. 그 나머지 물에야말로 카페인이 가득 농축되어 있기 때문이다.

금속이나 나일론 필터를 사용한다.

종이 여과지는 커피 향까지 걸러내게 된다. 금속이나 나일론 필터를 이용하면 커피 향도 살리고 추출 시간도 줄여 카페인 양을 줄일 수 있다.

에스프레소 방식으로 커피를 추출한다.

에스프레소 방식이란 강한 압력을 이용해 짧은 시간에 커피를 뽑아내는 방법을 말한다. 늦게 녹는 카페인의 성질을 고려하면 짧은 시간은 카페인을 줄이는데 필수조건이다.

카페인 제거 커피를 고른다.

카페인 성분을 제거한 커피를 이용하는 것도 한 방법이다.

❙ 카페인 중독 ❙

커피 이외에도 홍차, 콜라 등에서도 카페인을 찾을 수 있는데, 그 카페인을 일정한 기간 과다섭취했을 경우, 카페인 중독이 일어나게 된다. 커피를 몇 잔 마신 뒤에 13가지 증상 중 5가지에 해당되면 카페인에 중독되었다고 볼 수 있다.

1. 침착하지 못하고 안절부절 한다
2. 신경질적으로 변하고, 예민해진다.
3. 쉽게 흥분하고 격앙 된다.
4. 불면증이 있다.
5. 설사를 한다 .
6. 기분이 좋아졌다 나빠졌다 변덕스럽게 변한다.
7. 우울하고 의기소침해진다.
8. 얼굴이 홍조를 띠며 상기된다.
9. 소변을 자주 본다.
10. 위장장애로 소화불량이 등이 온다.
11. 근육경련이 있다.
12. 두서없이 생각하고 말한다.
13. 조용한 상태로 있지 못하고 늘 어수선하다.

커피는 아침에 한 잔, 오후에 한 잔 마시는 것이 가장 좋다. 커피의 카페인은 느슨하게 풀어진 두뇌를 긴장시키고 각성시키는 것에 효과가 있지만, 필요 이상 다량 복용하면 지나치게 많이 긴장이 되어 불안과 초조의 증상이 생기지만, 적당히 조절해서 마시면 그날 하루 생활의 활력소가 될 수 있다.

그렇기 때문에 한 잔의 커피는 가사, 업무의 능률을 높이는 효과를 준다.

모닝커피를 마실 때는 커피를 우리의 뇌가 각성작용에 대해 가장 민감해지는 아침 일찍 마셔야 한다. 이렇게 아침에 마신 커피 한 잔은 낮 시간 내내 적당한 긴장감과 활력을 주어 일을 효과적으로 추진하게 한다.

늦은 오후에 마시는 커피는 오후 4~5시쯤이 좋다. 이 시간에 마신다면 하루를 마무리하는 남은 시간을 최대한 기분 좋게 보낼 수 있다.

아침과 늦은 오후 중간의 낮 시간에는 아침에 마신 한 잔의 커피의 각성작용은 6시간 이상 지속되기 때문에 굳이 커피를 마실 필요는 없다.

section 3 커피의 장 · 단점

우리나라 사람들은 커피를 실생활에서 많이 접하며 즐기고 있지만 커피에 대한 정확한 지식과 정보는 거의 없는 실정이다. 커피의 '카페인'으로 인한 여러 가지 설만 있을 뿐 커피가 몸에 좋은지, 좋지 않은지, 어떻게 끓여먹어야 더 맛이 있는지, 하루에 몇 잔을 먹어야 건강에 이상이 없는지, 커피의 성분은 무엇인지 등등 알고 있는 지식이 거의 있지 않다.

장점

뇌의 움직임이 활발해져 집중력과 정확도가 상승

메사추세스 공과대학의 뇌 및 인식과학부의 심리학자인 해리스 리버맨의 실험결과에 따르면 캡슐에 넣는 카페인의 양은 32~256mg로 다양하게 하여 커피대신에 카페인 캡슐을 남성들에게 매일 먹게 했을 때, 64mg의 카페인 양은 인스턴트커피 150cc한 컵에 함유된 양과 맞먹게 되는데, 카페인을 먹게 한 후 그들의 반응시간, 주의력, 집중력, 민첩성, 숫자에 관한 정확성 등에 관한 긴장상태를 시험했다. 그리고 다른 날에는 겉으로는 똑같아 보이는 카페인이 없는 캡슐을 먹게 한 다음 똑같은 실험을 했는데, 그 결과는 양이 적건 많건 카페인을 먹은 사람은 모든 평가부분에서 향상되었음이 결과로 나타나게 되었다.

기분전환에 효과적이다.

기분이 우울하고 짜증이 날 때 마시는 커피 한 잔은 기분을 전환시키는 효과가 있다. 연구자들은 카페인 분자가 뇌세포에 달라붙어서 기분을 좋게 하는 화학

물질을 차단하는 신경전달물질의 수용기를 막아버린다는 것을 알아냈다. 카페인 분자는 그 신경전달물질과 모양이 비슷하기 때문에 뇌의 세포는 속아서 카페인을 수용해버린다. 이처럼 카페인이 기분을 나쁘게 하는 화학물질과 교체되어 좋은 기분을 유지하는 화학물질이 뇌 속을 돌아다니게 되고, 따라서 기분이 좋아지는 것이다.

호흡기 질환에 효과적이다.

예로부터 서양에서는 천식 치료제로 진한 커피를 사용해왔다. 커피에 함유된 카페인은 기관지를 확장시켜 천식 환자의 호흡을 편안하게 하는 효과가 있다. 처음에는 카페인이 천식의 특효약이었는데 1921년 이래 테오필린으로 바뀌었다. 그러나 최근 연구에 따르면 카페인은 체내에서 분해되어 테오필린과 그 밖의 화학물질로 변한다고 밝혀졌다. 또한 호흡기관의 근육의 피로를 줄임으로써 호흡이 편하게 된다. 따라서 만성적인 폐쇄성 폐질환같이 호흡이 곤란한 병에는 커피의 카페인이 좋은 영향을 미칠 수 있다고 알려졌다.

노인의 원기를 북돋아준다.

노인들 중에는 신경이 혈압을 조절하지 못하기 때문이다. 미국 밴더빌트 대학교 의과대학 임상의들은 아침밥을 먹을 때 커피를 두 잔 마시도록 했다(카페인 양 250mg). 그 결과 혈압이 조절되고, 현기증이 예방되었으며 평형감각을 유지하는 능력이 눈에 띄게 증가했음을 확인했다.

충치예방

커피의 타닌 성분은 치아표면을 깨끗이 씻어주어 세균이 치아에 침투에 충치로 만드는 것을 예방 한다.

에너지에 활력을 준다.

카페인은 당이 사용되지 않을 때 이를 열량원으로 조직에 축적시키고 지방을 태워 연료로 사용 하는데, 근육의 피로를 막고 육체의 에너지를 강하게 해주기 때문에 카페인은 스포츠 경기에서 성적을 좋게 하는 효능이 있는 것으로 알려졌다.

다이어트 효과적

사람의 인체에는 60% 이상이 수분으로 구성되어 있다. 커피는 수분을 공급하고 수면 중에 체내의 피로성분을 노폐물로 배출시켜 피로회복에 도움을 주게 되는데, 자주 마시면 체온이 높아지고 신진대사가 촉진되어 체내 지방연소를 도와준다.

단점

임신 중 커피 과다복용은 안 좋다.

임신 중에 커피를 마시는 것에 대한 설들이 많이 존재한다. 하루에 체내에서 받아들일 수 있는 카페인 양을 기준으로 한다면 하루 3~4잔 정도 까지는 괜찮지만, 커피를 많이 마시게 되면 기형 아이를 낳을 확률이 높다. 하루에 5잔 이상을 마실 경우에는 저체중 아기를 낳을 수 있고, 태아 자체가 카페인으로 인해 중독되는 경우도 있다.

커피의 카페인이 위점막을 자극 한다.

커피를 일정량 이상 마시면 카페인 성분은 자극성이 있기 때문에 위점막을 자극할 수 있다. 위산이 과다하게 분비되면서 위점막이 손상을 받게 되는데, 위장과 식도로 역류에 속쓰림을 악화시킬 수 있다. 그렇기 때문에 위염, 위궤양 등 위장질환이 있는 사람은 커피를 절제하는 것이 현명하다. 그래도 꼭 커피를 마셔야한다면 카페인 함량이 낮거나 없는 커피를 마시는 것도 좋은 방법이다. 그리고 커피크림은 약알칼리성 식품으로 100% 순식물성 야자유로 만들어 커피 맛을 부드럽게 만들면서 위를 덜 자극하는 효과가 있다.

불안, 초조, 두통 등 이상증상 초래

카페인은 사람의 체질에 따라 작용하는 성질이 달라지는데, 다시 말해 몸에 잘 받는 사람이 있고, 그렇지 않은 사람이 있는 말이다. 미국정신의학회에 의하면 커피를 지나치게 많이 마시면 불안하고 초조하며 손이 떨리는 증상이 나타나기도 하고 머리가 맑아지기는 커녕 두통이 생기기도 한다. 불면의 원인이 되기도 하는데, 이런 사람은 하루에 2-3잔 이상의 커피는 마시지 않는 것이 좋다.

숙면을 방해 한다.

커피를 마셔도 잠을 잘 잔다고 자신하는 사람도 실제 수면뇌파검사를 해보면 대부분 깊이 잠들지 못한다고 한다. 이것은 커피의 주성분인 카페인이 중추신경을 자극하기 때문이다. 카페인의 혈액농도가 절반으로 줄어드는 반감기는 대개 4시간으로 불면증이 있는 사람은 저녁식사 후부터 취침 때 까지는 커피를 마시지 않는 것이 좋다.

피로가중

건강한 사람이 기분전환을 위해 마시는 커피 한 잔은 가벼운 자극 효과로 기분을 상쾌하게 해 준다. 그러나 피로가 누적된 사람이 커피를 다량으로 마시면서 피로를 쫓으려고 하는 것은 좋지 않다 . 피로가 누적이 되면 몸 전체 기능이 저하된 상태이고 반복되는 스트레스로 정상이 아닌데, 근본치료를 하지 않고 커피 카페인의 반짝 효과에 매달리면 피로가 더욱 가중되는 악순환을 밟을 수 있다.

소변량을 늘린다.

예민한 사람은 중요한 일을 하기 전에 커피를 마시지 않는 것이 좋다.(특히 중요한 시험당일) 커피의 카페인은 이뇨작용을 하기 때문이다. 카페인이 자극을 하면 자율신경이 활성화되고 이것은 방광의 수축을 일으켜 자주 소변을 보게 되고, 목소리가 잠기기도 한다.

Chapter 7

커피 추출 방법

section 1 커피 추출 방법

추출이란

추출기구는 다양하나 모든 기구들은 다음과 같은 과정을 거쳐 커피를 추출한다. 먼저 로스팅한 원두를 분쇄한 후 물을 주입하여 스며들게 한다. 커피를 찬물로 우려내는 워터 드립(water drip) 방식이 있기는 하나, 일반적으로는 뜨거운 물이 사용된다. 뜨거운 물은 커피가 가지고 있는 여러 성분들을 녹이고 녹은 성분들은 커피 입자 밖으로 계속 흘러나오게 되는데, 이때 흘러나오는 액체가 바로 커피이다.

뜨거운 물은 커피 향미 성분의 약 80% 정도를 추출할 수 있는데, 보통 맛있는 성분(향기, 상큼한 맛, 달콤한 맛)은 먼저 추출되고, 좋지 않은 성분(떫은맛, 쓴맛)은 물과 오래 접촉하면서 천천히 추출된다. 따라서 커피 추출 시에 여러 사항들을 고려할 필요가 있으나 '시간'도 꼼꼼히 체크해야 할 요인 중 하나이다.

추출 시 상큼한 맛, 달콤한 맛의 성분들만을 뽑는다고 해서 맛있는 커피가 되는 것은 아니다. 맛있는 성분들이 떫은 맛, 쓴맛 등의 좋지 않은 성분들과 잘 조화를 이룰 때 한 잔의 완벽한 커피가 될 수 있다. 따라서 추출하고자 하는 사람은 사용하려고 하는 추출 기구들의 특성을 제대로 파악하고 다룰 수 있는 요령을 터득해야 한다.

한편 추출 기구의 특성 파악과 함께 고려해야 할 여러 가지 요소들은 다음과 같다.

- 원두의 종류(원산지)
- 원두의 로스팅된 정도(시나몬 로스팅~이탈리안 로스팅)
- 원두의 신선도(로스팅한 날부터 경과된 시간)
- 원두의 분쇄 입도
- 사용하고자 하는 원두의 양
- 사용하고자 하는 물의 종류 및 온도
- 추출하고자 하는 커피의 양
- 추출 시간

커피를 생산하지 않는 우리나라의 경우, 생두에 관한 정보가 많지 않아 로스팅과 추출 테크닉에 의해 커피 맛이 변경된다고 여기던 시절이 있었다. 그러나 음식도 재료의 신선도가 중요하듯이 한 잔의 맛있는 커피를 추출하기 위해서 가장 중요한 것은 좋은 품질, 신선한 생두임을 다시 한 번 밝혀 둔다.

커피의 추출 방법

커피를 추출하는 방법은 크게 침지법, 여과법, 진동여과법, 가압추출법으로 분류된다. 침지란 '적시고 담근다'는 뜻으로 커피가루 위로 뜨거운 물을 부어 여과시키는 방법을 말한다.

오랜 역사를 가진 것은 침지법으로 18세기까지만 해도 침지법의 한 종류인 터키식이 유일한 커피 추출 방식이었다. 그러나 19세기 중반(1850년)에 이르는 150여 년 사이에 여러 가지 새로운 기구들이 계속 발명되었고, 이를 통해 자연히 다양한 추출법의 개발이 본격화될 수 있었다.

커피 추출법이나 추출 기구는 사실상 터키식 커피 추출법의 단점을 보완하기 위

해 필요성에서 비롯되었다 해도 과언이 아니다. 즉, 커피를 마시고 난 후 혀에 남아 있는 찌꺼기의 불쾌감을 없애기 위해 보다 다양한 추출법과 추출기 개발에 관심을 기울이기 시작했던 것이다.

커피의 추출법은 추출 방식에 따라 세분화하면 터키식, 보일링, 퍼콜레이터, 커피 비긴, 커피언, 융 드립, 페이퍼 드립 등으로 나뉜다. 또한 이를 다시 추출 기구가 발명된 시대순으로 나열하면 1710년 보일링, 1763년 드립 1800년 퍼콜레이터, 1817년 커피 비긴, 1840년 사이폰, 1930년 프렌치 프레스 등으로 정리할 수 있다.

구분	방법	종류
침지법	물에 분쇄한 커피를 넣고, 같이 끓여 추출하는 방법	터키식, 보일링, 퍼콜레이터
여과법	여과용 필터에 분쇄한 커피를 넣고, 뜨거운 물을 부어 추출하는 방법	융 드립, 페이퍼 드립, 프렌치 드립, 워터 드립(더치커피), 핀 드립
진공여과법	물을 끓여 증기압을 커피입자에 통과시켜 추출하는 방법	사이폰(SYPHON)
가압추출법	분쇄한 커피를 뜨거운 물과 압력을 가하여 추출하는 방법	에스프레소

침지법

터키식 커피(Turkish Coffee)

인류가 최초로 커피를 제대로 즐기기 시작한 방법이 '이브릭(Ibriq)'이라고 불리는 터키식 포트를 이용하면서부터이다. 1520년경에 중동의 시리아에서 커피 열매를 볶아서 마시기 시작한 것이다. 즉, 세계에서 가장 오래된 커피를 마시는 방법이라고 할 수 있다. 커피를 처음으로 재배하고 확산시킨 나라는 오스만투르크제국이었으므로, 당시의 커피 조리 방법을 '터키식 커피(Turkish Coffee)'라고 하게 되었다. 유럽에 커피가 전파된 것이 17세기였는데 이때부터 약 200년간 터키식 커피 추출 방식으로 커피를 즐겨 마셨다고 한다.

| 이브릭과 체즈베의 차이점 |

이브릭(Ibriq)	체즈베(Cezve)
몸통의 중간 부분 위에 주중이가 달려 있고 뚜껑이 있는 것	주둥이와 뚜껑이 없이 손잡이만 있는 것

이브릭으로 터키식 커피 만들기	체르베로 터키식 커피 만들기
• 커피를 아주 가늘게 분쇄한다. • 1인분에 4~5g 정도로 분쇄한 커피를 추출기구 안에 넣는다. • 찬물을 1인분에 80ml 정도로 추출기구 안에 붓는다. • 중간 세기의 불 위에 이브릭을 올려놓는다. • 거품과 함께 커피가 끓어오르면 넘치기 전에 기구를 불 위에 내린다.	• 커피를 아주 가늘게 분쇄한다. • 에스프레소 커피보다도 가늘게 분쇄한다. • 1인분에 4~5g 정도로 분쇄한 커피를 추출기구 안에 넣는다. • 찬물을 1인분에 80ml 정도로 추출기구 안에 붓는다. • 중간 세기의 불 위에 체즈베를 올려놓는다. • 거품과 함께 커피가 끓어오르면 넘치기 전에 기구를 불 위에 내렸다가 가라앉으면 다시 불 위에 올려놓고 스푼으로 한번 저어준다 • 이렇게 끓어오르며 내리는 동작을 2~3회더 반복한 후 적은 잔에 커피를 따른다.

퍼콜레이터

퍼콜레이터는 직접 기구를 가열하여, 내부의 파이프를 통해 뜨거운 물을 순환시키면서 커피를 추출하는 기구이다.

퍼콜레이터는 구조적으로 커피의 향기가 날아가 버리거나 탁해지기 쉬운 결점이 있지만, 역시 가정이나 야외에서 손쉽게 커피를 추출할 수 있다는 것과 여행 시 캠프장에서 그 진가를 발휘하다는 것이 장점이다.

퍼콜레이터의 원리는 진화로 포트를 데우게 되면 포터 안의 물이 비등점까지 도달하게 되고 대류가 일어나게 되는데, 이렇게 더워진 물이 내부의 관을 통해서 상부의 필터까지 도달한 뒤 분수처럼 커피가루 위에 떨어지게 되고 추출이 이루어지게 된다. 그 추출된 커피 액이 포트 밑에 고이게 되고 다시 반복되고 원하는 커피의 농도가 될 때까지 퍼콜레이터 내부에서는 대류에 의해서 커피가 흐르게 되어 있다. 커피의 맛은 약간은 탁하고 향기도 적어 실망할 수도 있겠지만, 퍼콜레이터의 또 하나의 장점은 누구나 쉽게 커피의 농도를 조절할 수 있다는 것이다. 즉, 뚜껑 위의 유리꼭지 속에서 필터 위로 떨어지는 커피의 색으로 농도를 확인할 수 있고 포트를 불에서 내려놓는 것만으로도 추출을 멈출 수 있다는 이점이 있다.

여과법

페이퍼 드립(Paper Drip)

페이퍼 드립은 도자기나 합성수지로 마든 여과기에 일회용 종이 필터(Filter)를 사용하기 때문에 기구 관리의 부감이 줄어든 것은 물론 맛의 재현성도 뛰어난 편이다. 또한, 기구 구입이나 사용이 간편하고 경제적인 부담이 적으며, 어느 정도 사용법이 숙달된 후에는 비교적 고품질의 커피를 얻을 수 있다는 것도 페이퍼 드립의 장점으로 꼽을 수 있다.

페이퍼 드립에도 몇 가지의 단점이 존재한다. 드물기는 하지만 페이퍼 드립은 추출된 커피에서 종이 냄새가 느껴지거나, 원두의 지방분이 종이 필터에 흡착되어 커피 특유의 감칠맛이나 입안에서 느껴지는 매끈한 맛이 줄어드는 경우가 있다. 또한 추출 구멍이 1~3개 밖에 없기 때문에 대량 추출에 많은 시간이 소요되고, 자칫 방심하면 과추출(過抽出)로 이어질 우려도 있다. 커피 전문가들은 종이 필터가 지방분을 흡착하는 문제와 뜸을 들일 때 원두가 충분히 팽창하지 못한다는 단점 때문에 보다 세심한 맛을 표현하는 데는 여전히 페이퍼 드립보다 융 드립을 높게 평가한다.

워터 드립(Water Drip)

일명 '더치커피(Dutch Coffee)'라고 부르는 워터 드립은 뜨거운 물을 사용하는 다른 드립커피와 달리 보통 찬물을 이용하기 때문에 한결 색다른 커피 맛을 느낄 수 있다. '더치커피'의 유래는 커피의 엄청난 상업성을 발견한 네덜란드에 의해 인도네시아에서 재배된 커피를 배에 선적하여 네덜란드로 이동하는 과정에서 네덜란드 상인들은 장시간 항해에 적합한 쉽게 변질되지 않고 상온에서 보관이 용이한 찬물로 우려낸 커피를 생각해내면서 만들어졌다고 한다. 워터 드립은 상부 수조에 담긴 물이 대롱을 타고 한 방울씩 밑으로 떨어지면서 커피를 추출하게 되며, 원두 역시 진한 프렌치 로스팅(French Roasting, 강배전)을 사용하고 커피가루도 아주 가늘게 분쇄한 것이 적당하다.

워터 드립은 추출 시간이 긴 대신 중간에 별도의 작업 과정이 없기 때문에 일과가 끝난 후 추출 기구를 세팅해 두면 아침에 일어나는 즉시 커피를 마실 수 있다. 아이스커피를 원할 때는 커피 추출액에 바로 얼음을 넣어 독특한 맛의 커피를 얻을 수 있다. 만일 뜨거운 커피를 원할 경우에는 70~75℃ 정도로 데워 마셔도 무방하다. 물론 이때에도 커피액을 다시 끓이는 것은 금물이다.

워터 드립은 삼점 세팅과 이점 세팅으로 분류되는데 전자는 추출 소요 시간이 6~8시간, 후자는 3~4시간이다. 하지만, 두 가지 방법 모두 반드시 미분과 냉수를 사용하는 것은 마찬가지다.

워터 드립으로 추출한 커피는 장시간 동안 커피 향이나 엑기스가 농축되어 있기 때문에 뜨겁게 데워 마셔도 한결 개성 있는 커피 맛을 즐길 수 있다.

프렌치 프레스(French Press)

프렌치 프레스는 전체 혼합액에서 커피 찌꺼기만 분리하는 세련된 방식의 추출법으로 일반 드립식보다 농밀한 깊은 커피 맛이 특징이다.

프렌치 프레스 포트는 1930년대에 이탈리아에서 개발됐으나, 제2차 세계대전이 끝난 뒤, 탁월한 홈 커피 메이커로서 프랑스에서 더 많은 사랑을 받았다. 미국에서의 인기 증가로 프렌치 프레스 기구들이 쏟아져 나왔고, 대부분의 제품들이 프랑스를 제외한 모든 곳에서 만들어진 것이다. 이 프렌치 프레스 기구의 종류에는 플라스틱 틀에 유리 포트가 들어가 있는 가격이 저렴한 것과 철제 틀로 된 더 비싼 것, 또 보온 기능이 있는 것이 있다.

프렌치 프레스로 추출한 커피는 농밀감이 진하다. 그 깊고 거친 맛은 필터 커피의 은은한 향미를 압도한다. 특히 블랙보다는 우유나 크림을 넣어 마시는 걸 즐기는 사람들이 선호하고, 대체로 저녁식사 후에 마신다.

진공여과법

사이폰식은 여러 가지의 커피 조리 방법 중 가장 무드를 맛볼 수 있는 방법이다. 이 기구의 조작은 간단하므로 누구나 어렵지 않게 맛있는 커피를 만들 수가 있다. 하부의 플라스크를 뜨겁게 하면 그 수증기의 압력에 의해 위쪽으로 뜨거운 물이 올라가 커피를 추출하는 것이다. 사이폰은 포트나 플라스크의 파손 위험이 높지만, 진공상태로 변한 투명 유리기구 안에서 물과 커피가 약동하는 과정을 보여줌으로써 커피 추출 과정의 연출 효과를 높이는 장점이 있다.

section 2 커피 추출 기구의 사용

이브리크(Ibrik)

인류가 최초로 커피를 제대로 즐기기 시작한 방법이 이브리크라고 불리는 터키식 포트를 이용하면서부터이다.

18세기 초까지 커피를 추출하는 유일한 달임법이었다. 이브리크는 일명 '게츠베'라고도 아랍인들은 부른다. 세계에서 가장 오래된 커피 추출법이다.

터키식 커피 만들기

① 커피를 아주 가늘게 분쇄한다. (에스프레소보다 더 가늘게)
- 커피를 아주 가늘게 분쇄해야 거품이 사라지고 찌꺼기가 빨리 가라앉는다.

② 1인분에 4~5g 정도를 분쇄한 커피를 추출기구 안에 넣는다.

③ 찬물을 1인분에 80ml 정도로 추출기구 안에 붓는다.

④ 중간 세기의 불 위에 이브리크를 올려 놓는다.
- 너무 센 화력은 커피를 덜 추출하게 하며, 약한 불은 과다 추출하게 되어 맛이 없다.

⑤ 거품과 함께 끓어오르면 넘치기 전에 기구를 불 위에 내렸다가 가라앉으면 다시 불 위에 올려 놓는다.
- 처음 거품이 생기는 것은 물이 끓는 것이 아니라 커피 속의 가스가 나오는 현상이며 이때 물의 온도는 약 80~90도이다.

⑥ 이렇게 끓어 오르면 내리는 동작을 2~3회 더 반복한 후 작은 잔에 커피를 따른다.
- 커피찌꺼기가 마시는 잔에 남아 있으므로 가라 앉혀서 마신다.

사이펀(Siphon, Syphon)

사이펀은 일본에서만 통용되는 이름이고, 우려내기 방식으로 추출되는 모든 기구들의 정확한 명칭은 배큐엄 브루어(Vacuum Brewer)이다.

처음 보는 사람들의 입에서 항상 감탄소리가 흘러나올 정도로 우리 눈을 즐겁게 해 주는 기구 중 하나다.

1970년대 후반~1980년대 중반까지 대학가 주변의 커피숍에서 많이 취급했다고 하나, 보관과 취급의 불편함 때문에 현재는 유행의 뒤편으로 사라졌다.

일본에는 사이펀으로만 커피를 추출하여 판매하는 전문점들이 많이 있다. 몇 해 전 일본의 대형 커피 회사인 UCC에서 명동과 강남에 대형 사이펀 커피 전문점을 오픈했었는데, 큰 성공을 거두지 못하고 문을 닫고 말았다. 여러 가지 문제점이 있었겠으나, 추출기구의 보관과 취급에도 어려움이 있었다고 한다.

지금부터는 사이펀의 기구적인 특징과 추출 방법에 대해 알아보기로 하자.

기구의 소개

증기 압력과 진공 흡입 원리를 이용한 기구로 상부 로트와 하부 플라스크는 모두 유리로 되어 있으므로 취급할 때에는 항상 주의를 기울인다.

상부 로트에는 여과 필터를 끼워서 사용하는데, 종이를 끼워 사용하는 플라스틱 필터와 융 필터 모두 사용 가능하다.

물을 끓이기 위해서는 알코올 램프, 할로겐 램프, 가스 등을 사용한다.

사용하는 원두는 일반적으로 시티 로스팅 이상의 것을 사용하며, 분쇄입도는 약 0.5mm 정도로 핸드 드립에 비해서 약간은 가늘게 한다.

개인적인 입맛에 따라 차이는 있겠지만, 보편적으로 핸드 드립 방식에 비해서 맛은 덜하다고 한다. 여과가 아니라 우려내기 방식이기 때문일 것이다.

추출 방법

약 12g의 원두를 이용하며 150ml(한 잔 분량)의 커피를 추출해보기로 하자.

① 하부 플라스크에 뜨거운 물을 넣고 가열한다. 차가운 물을 넣고 사용할 경우 물을 끓이는 데 오랜 시간이 걸리기 때문이다. 150ml의 커피를 추출하기 위해서는 180ml 정도의 물이 필요하다.

★ 주의 : 플라스크에 물기가 있으면 반드시 닦은 후 사용한다. 물기가 있는 상태로 가열하면 그을릴 수 있다.

② 커피를 분쇄한다.

③ 필터에 여과지를 끼운 후 돌려 두 개의 필터를 단단히 고정한다.

④ 여과 필터를 상부 로트에 끼우고, 밑에 달려 있는 홀더를 관에 걸어서 고정한다.

⑤ 로트를 플라스크에 살짝 걸쳐 놓는다. 예열의 효과가 있다.

⑥ 물이 끓으면 로트에 분쇄한 커피를 넣은 후 평평하게 되도록 살짝 쳐준다.

⑦ 불을 절반 정도 줄이고 로트를 삽입한다.

⑧ 스틱을 로트 가장 자리에 꽂아 준다.

⑨ 플라스크에 물이 로트로 다 올라오면 스틱을 10회 정도 저어준다.

⑩ 스틱 회전 후 25~30초가 경과하면 불을 끄고 다시 스틱을 10회 정도 저어준다.

⑪ 커피가 하부 플라스크에 내려오면 로트를 뺀다.

⑫ 하부 플라스크에 있는 추출액을 잔에 붓는다. 핸드 드립의 경우 추출하는 물의 온도를 강제적으로 내렸으나, 사이펀은 그런 과정이 없으므로 커피의 온도가 더 높다.

01

02

03

04

05

06

07

08

09

10

11

12

13

14

15

16

17

18

19

워터드립(Water drip)

더치커피(Dutch coffee)라고도 하며 찬물로 장시간 추출(4~12시간)하는 방식으로 원두의 분쇄도와 물이 맛에 중요한 작용을 한다. 추출된 커피를 냉장 보관하여 오래 숙성을 거치기 때문에 맛이 시간이 지날수록 강한 커피맛과 부드러운 와인맛을 동시에 지닌 커피이다. 마치 오래 숙성시킨 와인과 비교하기도 한다. 그래서 더치커피는 커피의 와인, 커피의 눈물이하는 별명을 가지고 있다. 카페인은 70도 이상의 온도에서만 추출되므로 찬물에서는 소량만 추출된다. 물 500ml에 분쇄커피 70g 정도 넣는다. 분쇄되는 드립과 에스프레소의 중간 정도이며 물은 2~3초에 한 방울씩 떨어뜨린다.

융 드립(Flannel)

융은 커피 성분 중 지방을 흡착하지 않고 그대로 추출하게 하여 커피 맛을 풍부하게 하는 장점이 있기는 하나, 보관하고 관리하는데 어려움이 따른다. 융 드립은 일반 드립커피에 비해 매끈매끈한 감촉이 느껴지는 부드러운 커피를 추출해 두는 드리퍼이다. 일반 드리퍼에 비해 사용과 보관에 번거로움이 따르지만 융 드립한 커피의 맛은 종이 필터로 걸러내는 맛과 확실한 차이가 난다.

융 필터는 처음 사용할 때 세제를 사용하지 않고 흐르는 물에 깨끗이 씻은 다음 커피 찌꺼기를 조금 넣고 삶아 준다. 깨끗이 씻은 후 전용용기에 물을 담고 필터를 넣은 후 냉장 보관한다.

추출 방법

① 융 필터는 물기를 꼭 짠 후 필터 전용 천으로 물기를 제거 해 준다. 이 때 물기가 약간 남아 있도록 한다.

② 준비된 융 필터에 분쇄한 커피를 담은 후 윗면을 고른다.

③ 뜸을 들인다. (중심부에 물방울이 방울방울 떨어지도록 한다.)

④ 중심에서 방울방울 떨어뜨린 물로 인해 커피가 팽창하고 서버에 커피가 떨어지기 시작하면 나선형으로 중심부에서 바깥쪽으로 다시 중심부로 물줄기를 아주 가늘게 하여 붓는다. 저은 후 약 1분~1분 30초 정도 기다린 다음 피스톤을 누른다.

⑤ 200ml 양 만큼 추출 후 제공한다.

04

05

06

07

08

09

10

11

12

13

프렌치 프레스(French Press)

프렌치 프레스는 다양한 용도로 사용된다. 커피를 추출하기도 하지만 차(茶)를 우려 마실 때, 가정에서 카푸치노를 만들기 위해 우유 거품을 낼 때도 사용된다. 커피 추출 시 비교적 간단하게 사용할 수 있으나, 청소가 불편하고 커피 성분이 충분히 우러나지 않는다는 단점이 있다.

티 메이커(Tea-Maker), 플런저(Plunger), 멜리오르(Melior) 등의 다양한 이름을 가지고 있는데, 프랑스 보덤(Bodum)사가 크게 유행시켜 현재는 프렌치 프레스라는 명칭이 보편적이다.

기구 특징

구성은 유리로 된 용기와 피스톤이 달린 뚜껑의 두 부분으로 매우 간단하다. 유리 용기에 분쇄한 커피를 넣고 뜨거운 물을 붓는다. 일정 시간이 경과하면 커피 성분이 녹아져 나오게 되는데, 그때 피스톤으로 눌러 추출액만 분리해 내면 된다. 우려내기 방식과 가압 추출 방식이 혼용된 추출 방법이라고 할 수 있다.

추출 방법

한 잔의 커피를(약 150ml)추출하기 위해서는
약 10g의 커피와 200ml의 물이 필요하다.

① 커피를 약 1.0mm 정도로 굵게 분쇄한다.
② 프렌치 프레스의 뚜껑(피스톤 포함)을 빼고 분쇄한 커피를 넣는다.
③ 90~95℃의 물 약 200ml를 붓는다.
④ 커피가루가 뜨면 수저로 저어준다.
⑤ 저은 후 약 1분~1분 30초 정도 기다린 다음 피스톤을 누른다.
⑥ 추출액을 예열한 잔에 붓는다. 커피 찌꺼기를 감안하여 약 150ml 정도만 따르도록 한다.
⑦ 분리 후 세척한다.

01

02

03

04

05

06

07

08

모카 포트

이탈리안 스토브 탑(Italian-Stove-Top)이라고도 부르는데 추출되는 원리는 증기압에 의해서이다.

이탈리아를 여행하면서 대부분의 가정 주방에 모카 포트가 있는 것을 발견하고 '대중적인 기구다'라고 생각했었다. 물론 판매하고 있는 곳도 주방용품 매장인데 크기, 모양과 디자인, 재질 등이 정말 다양하다.

그런데 재미있는 사실은 이탈리아 가정에서는 모카 포트를 전혀 닦지 않고 사용하는 것이 관습처럼 되어 있다는 것이다. 다시 말해, 추출한 후에 전혀 닦지 않고 재사용(再使用)을 거듭한다는 얘기다. 이들은 닦은 후 사용하게 되면 커피의 맛이 없어진다고 믿는데, 커피의 맛이 떨어지게 되는 것은 커피 내의 지방 성분이 기구 내에 흡착하여 산패되면 커피 맛에 악영향을 주기 때문이다. 또한 필터와 필터 바스켓에는 작은 구멍들이 많이 있는데, 세심하게 세척하지 않으면 커피 가루가 끼어 추출이 어려워진다. 어떤 기구든지 사용 후에는 다음 추출을 위해 청결한 상태를 유지하는 것이 중요하다.

기구 특징

기구를 살펴보면 세 부분으로 이루어져 있다.

하단 포트에 있는 물을 가열하면 수증기가 생기고, 이 수증기의 힘에 의해 물이 필터 바스켓의 관을 따라 올라가게 된다. 한편 바스켓에 담겨 있는 커피가루는 물이 끓으면서 찐 상태가 된다. 관을 타고 올라간 물이 쪄져 있는 커피가루는 물이 끓으면서 찐 상태가 된다. 관을 타고 올라간 물이 쪄져 있는 커피가루를 통과하면서 커피 성분이 추출되고 추출액은 상단 포트 추출구를 통해 나오게 되는 원리이다. 일반적으로 풀시티 이상 강하게 로스팅된 원두를 사용하는데, 1잔 즉 30ml의 커피를 위해서는 약 7~8g의 원두가 사용된다.

추출 방법

1잔의 커피를 위해 7~8g의 원두를 이용하여 추축한다. 30ml의 추출액을 위해서는 일반적으로 45ml의 물이 필요하다.

① 하단 포트에 물을 붓는다. 하단 포트에는 압력 밸브라고 하는 것이 있는데 물은 압력 밸브보다는 적게 부어야 한다.

② 필터 바스켓에 사용할 분량의 분쇄한 커피를 담고 스푼을 이용하여 살짝 눌러준다. 평평하지 않은 경우 수증기 압력으로 물이 올라올 때 균일하게 커피가루 층을 통과하지 못하기 때문이다.

③ 상단 포트를 뒤집어서 고무 패킹과 필터가 제대로 장착되어 있는지 확인한다.

④ 상단 포트와 하단 포트를 잘 돌려서 단단하게 고정한다. 최근에는 모카 포트 전용 여과지를 사용하기도 하는데, 사용하게 되면 추출액이 좀더 부드러워진다. 여과지는 필터 바스켓 위에 올려놓는다.

⑤ 약불을 이용하여 약 2~3분 정도 끓여 준다. 모카 포트를 불 위에 직접 올려놓지 않고, 전용 삼발이를 불 위에 올려놓은 후 그 위에 모카 포트를 올려놓기도 한다.

⑥ 추출이 시작되면 '퍽퍽'하는 소리가 나는데, 단시간에 추출이 이루어지므로 주의한다. 추출구를 통해 분출되다시피 추출되므로, 추출되는 동안 상단 포트 뚜껑을 닫아 두어야 한다. 추출 종료 후에도 계속 불 위에 올려놓으면 고무 패킹이 녹아 기구 전체를 못 쓰게 되는 경우가 종종 있으니 주의하여야 한다.

⑦ '치익'하는 소리가 나면 추출이 종료된 것이다. 불을 끄고 추출된 커피를 잔에 따른다. 증기압을 이용하는 방식이기는 하나 크레마를 기대하기는 어렵다.

01

02

03

04

05

06

07

08

09

10

11

section 3 핸드 드립(Hand Drip)

핸드 드립

핸드 드립은 사람의 손으로 드립퍼, 드립포트와 필터, 서버를 이용하여 커피를 추출한다. 핸드 드립은 내리는 사람의 기술, 취향, 커피의 상태 등에 따라서 다양한 맛과 향을 낼 수 있는 개성이 강한 커피를 내릴 수 있다는 특징이 있다.

핸드 드립은 추출과 동시에 여과가 일어나는 것이 특징이며, 추출 시작부터 종료까지의 시간, 즉 추출 시간이 뜨거운 물과 커피가루가 접촉되는 시간이 동일하지 않다. 뜨거운 물과 커피가루가 접촉되는 시간에 영향을 주는 요소로는 드립퍼의 종류, 커피의 양, 입자의 굵기, 물의 주입 속도 등을 들 수 있는데 핸드 드립에서 커피가루는 추출의 대상물이 될 뿐만 아니라 여과층 자체이기도 하여 커피가루가 많거나 분쇄도가 가늘거나 할 경우 여과 속도가 느려져 접촉 시간이 길어지게 된다.

물의 주입 속도 또한 드립퍼의 종류에 따라 영향정도가 다르다.

한 가지 중요한 사실은 드립퍼 내의 커피가루는 중심과 바깥쪽의 깊이가 다르기 때문에 중심과 바깥쪽을 똑같이 물을 주입한다면 과잉 추출, 과소 추출 현상이 일어날 수 있으므로 커피가루의 양, 커피 층의 두께에 대응하는 물의 주입이 필요하다.

핸드 드립 시 주입되는 온도의 영향은 고온일 경우 향의 증가, 바디 증가, 쓴맛의 증가 등의 경향을 보이며 반대로 저온일 경우 향이 부족하고 가벼운 경향을 보이는 커피가 추출된다.

핸드드립의 도구

드립포트(Drip Pot)

핸드드립은 손으로 물 줄기를 일정하게 떨어뜨려 원하는 맛의 커피를 추출하는 방법이기 때문에 드립포트의 선택은 중요하다. 보통 드립포트의 재질은 스테인리스, 동, 범랑 등으로 되어 있으며 각각의 재질에 따라 보온성과 가격의 차이가 있다. 드립포트를 구입할 시 가장 중요하게 생각하여야 할 부분은 물줄기가 가능한 한 수직으로 떨어지는 것, 그리고 입구가 좁아서 물의 양을 조절하기 쉬운 것을 선택하여야 한다.

드립퍼(Dripper)의 종류 및 특징

드립퍼는 여과지를 키워 커피를 추출하는 기구이며 종류는 카리타, 메리타, 고노, 하리오 등 4가지 기본이 있으며 제조회사별로 다양한 종류의 드립퍼가 제작, 판매되고 있다. 재질은 플라스틱, 세라믹, 동 등이 있으며 크기 또한 1~10인용으로 다양한 종류가 있으나 주로 2~4인용을 주로 사용한다. 드리퍼 내부에는 리브(Rib)라고 하는 고랑이 있는 데 이것은 여과지와 드리퍼 사이에 공기를 통하게 하여 커피의 흐름을 좋게 한다.

메리타(Melitta)

추출구는 한 개이며 리브(Rib)가 윗 둥근선에서 아래로 되어 있으며 옆면은 사선으로 되어있다.

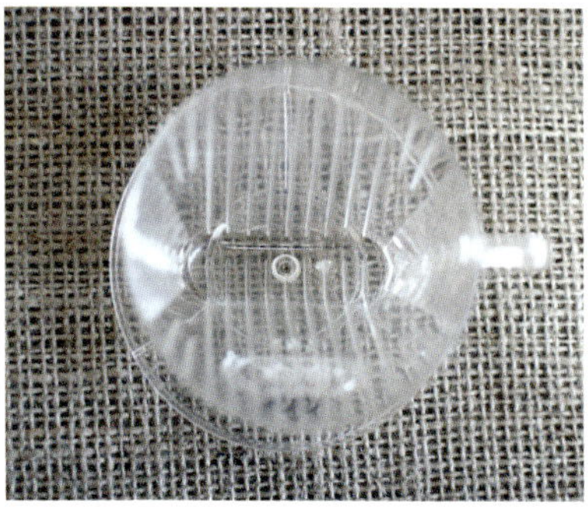

카리타(Kalita)

추출구는 세 개이며 리브(Rib)는 윗 둥근선에서 살짝 내려와서 시작해 아래로 내려와 있으며 옆면은 직선으로 되어있다.

고노(Kono)

추출구는 한 개이며 지름은 1.8cm정도이다. 리브(Rib)는 중간 부분부터 아래 부분까지 되어있다.

하리오(Hario)

추출구는 한 개이며 지름은 2.3cm 정도이다. 리브(Rib)는 윗부분에서 아래까지 나선형 형태로 되어있다.

서버(Server)

서버는 드리퍼 아래에 두고 추출된 커피를 받아내는 용도로 사용되며, 재질은 플라스틱, 유리 등의 제품이 있으나 주로 추출된 양을 확인하기 쉽게 눈금이 표시된 유리 제품을 많이 사용한다. 용량에 따라 2인용에서 10인용까지 다양하며 제조회사에 따라 다양한 모양이 있다.

종이필터(Paper Filter) = 여과지

종이필터는 드리퍼 안에 끼워 커피 찌꺼기를 걸러내는 역할을 하는 것이다. 종류는 하얗게 표백 처리된 흰색 여과지와 무표백의 갈색 페이퍼로 나뉜다.

선택 시 표백으로 인한 유해성이나 종이 냄새, 얼룩 등을 고려하여 선택한다.

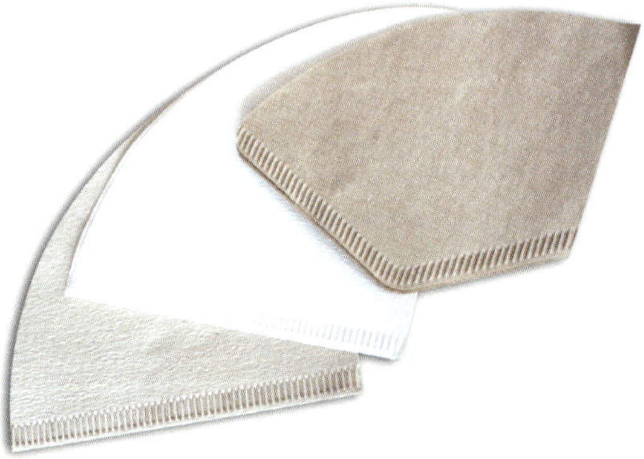

Coffee

section 4 드립퍼의 종류에 따른 추출방법

커피를 자신의 취향에 따라 마시는 경향이 증가하면서 드립퍼 또한 여러 가지 형태와 기능으로 다양한 종류가 개발되어 사용되고 있다. 그 중 주로 사용하는 카리타, 메리타, 고노, 하리오, 그리고 차가운 커피를 즐기는 사람들을 위한 아이스 드립퍼에 대하여 알아보자

카리타(Kalita)

국내 커피 전문점에서는 대부분 일본제품인 카리타(Kalita) 제품이 많이 사용되는데 드리퍼 하단에 3개의 구멍이 뚫려 있는 카리타 드리퍼는 메리타에 비해 추출된 커피 맛이 보다 만족스럽다는 것이 일반적인 평이다. 일반적으로 시나몬, 미디움, 하이 정도로 배전된 커피를 추출 할 때 많이 사용된다.

추출 방법

① 종이 필터는 아래와 같은 방식으로 접는다.

② 종이필터를 드립퍼에 넣은 후 원두(2인분 기준 24g)를 갈아 넣고 윗면이 평평하게 고른다.

③ 서버를 예열한다.

④ 뜸 들이기를 한다. 물줄기를 굵고 빠르게 하여 나선형으로 돌린다.

⑤ 뜸들이기 후 20~30초 정도 지나면 윗면이 갈라지기 시작하는데 이때 1차 추출을 시작한다. 나선형으로 안에서 밖으로, 다시 밖에서 안으로 연속해서 부어준다.

⑥ 1차 추출과 같은 방법으로 2, 3차 추출을 한다. 이 때 1차 추출보다 물줄기는 굵고 빠르게 한다.

⑦ 4차 추출 후(200mL) 제공한다.

메리타(Melitta)

메리타의 경우는 독일인 메리타 벤츠여사에 의해 1908년 처음 발명되었다. 드리퍼 안에는 커피 추출구가 1개이고 고노나 하리오에 비해 추출구멍의 크기가 작다. 따라서 드리퍼안에 물이 고여 있는 시간이 길어지기 때문에 물을 붓는 속도를 드립퍼에서 커피가 떨어지는 속도와 유사하게 되도록 한다.

추출 방법

① 준비과정은 카리타 ①~④ 과정과 동일하다.

② 추출과정은 카리타는 안에서 밖으로 다시 연결해서 밖에서 안으로 나선형을

그리며 물을 주입했으나 메리타는 안에서 밖으로만 주입한다. 이 때 붓는 물의 양과 추출되는 커피의 양을 고려해서 물줄기의 굵기를 조절한다.

③ 카리타와 같이 2인용 기준 200ml 추출 후 마무리한다.

고노(Kono)

드립퍼 모양이 원추형인 고노는 일본제품이며 드리퍼의 특성상 물이 떨어지는 속도가 다르기 때문에 물을 부을 때 완급과 물의 양을 세심하게 조절해야 한다. 리브(Rib)가 드립퍼의 가운데 부분에 위치해 있는데 추출 시 커피의 표면이 리브 아래로 내려가지 않도록 주의한다. 주로 강배전한 커피 추출에 사용하며 감칠맛과 바디감이 좋다.

추출 방법

① 종이 필터는 그림과 같이 접은 후 드립퍼에 장착 후 원두를 갈아 실버스킨을 불어 날린 후 윗면을 평평하게 한다.

② 물을 굵고 빠르게 부어 뜸들이기를 한다.

③ 20~30초 후 완전히 팽창되면 1차 추출을 시작한다. 1차 추출은 중심에서 반지름 2cm 정도까지(500원 동전크기) 물을 동심원으로 붓는다.

④ 2차 추출도 1차 추출방법과 같이 반지름 2cm 정도의 물을 동심원으로 붓는다.

⑤ 부풀어 오른 것이 어느 정도 가라앉으면 가장 자리에서 1cm 전까지 동심원으로 물을 천천히 주입한다. 가운데 부분은 천천히 가장 자리로 갈수록 빠르게 물을 주입한다.

⑥ 2인용 기준으로 200ml 정도 추출 후 될 때까지 반복 후 제공한다.

01
02
03
04
05
06
07
08
09
10
11
12

하리오(Hario)

추출구는 1개이고, 바닥을 기점으로 1/3, 2/3 지점이 볼록볼록하게 튀어나와 있으며, 립은 회오리 모양으로 휘어져 있고, 추출구도 고노에 비해 0.5cm 정도 크다. 따라

서 유속이 빠르며 강배전한 커피 추출에 주로 사용되며 고노보다 바디감은 약하다.

추출 방법

① 종이 필터는 고노와 같은 방법으로 장착 후 그라인딩 된 원두를 담아 실버스킨을 불어 날린 후 윗면을 평평하게 한다.
② 물을 굵고 빠르게 주입하여 뜸들이기를 한다.
③ 가운데 부분부터 천천히 동심원을 그리면서 가장자리에 1cm 남겨 두고 물을 주입한다.
④ 윗면이 가라앉기 시작하면 다시 물을 주입하고 3차 물 주입부터는 물줄기를 굵고 빠르게 하여 2인분 기준 200ml까지 추출 후 제공한다.

핸드 드립 아이스(Hand Drip Ice)

핸드 드립으로 따뜻한 커피뿐만 아니라 시원하게 즐길 수 있는 아이스 커피도 각광받고 있다. 핸드 드립 아이스는 드리퍼에서 커피가 추출된 후 바로 얼음통으로 떨어져 냉각된다. 따라서 또 다른 커피의 맛을 즐길 수 있다.

추출 방법

① 얼음통에 얼음을 가득 채운 후 윗 뚜껑을 덮는다.
② 드리퍼에 분쇄한 커피를 넣은 후 윗면을 평평하게 고른다.
③ 뜸들이기를 한 후 윗면이 충분히 부풀어지면 가운데 밖으로 동심원을 그리고 다시 안으로 들어가는 방식으로 1차 물 붓기를 한다.
④ 같은 방법으로 2~4번 정도 물을 주입한다.
⑤ 추출 된 커피가 얼음 통에서 냉각된 후 서버로 떨어진다.
⑥ 얼음과 함께 커피를 제공한다.

01
02
03
04
05
06
07
08

Chapter 8

에스프레소(Espresso)

section 1 에스프레소와 크레마(Crema)

에스프레소

세계 최초로 에스프레소 커피를 제조하려는 노력은 '산티이스'에 의해 증기압을 이용한 커피머신을 개발하여 1885년 프랑스 만국 박람회에 첫 선을 보이면서 시작되었다. 그러나 산업혁명이 시작되면서 19세기 초부터 증기의 압력을 사용하여 커피를 제조해 보려는 노력이 이탈리아에서 시작되었고 그 뒤로 프랑스, 독일로 옮겨져 갔다.

이탈리아어로 '빠르다'는 의미를 갖고 있는 에스프레소(Espresso)는 커피 원두의 화학적 특성과 기계라는 물리적 도구가 이상적으로 조화를 이룬, 커피라는 거대한 산맥의 최고봉이라 할 수 있다. 혀끝으로 느껴지는 에스프레소의 진한 커피 맛과 고소한 향은 확실히 다른 커피와는 뭔가 다르다는 느낌을 갖게 하기에 충분하다. 3~4mm 두께의 크림 거품이 떠있는 30ml(1oz)의 에스프레소는 카페인 함유량은 적지만 순하면서 농후한 맛이 있고, 초콜릿을 연상시키는 지속성 강한 향내가 쓴맛과 신맛의 절묘한 조화를 이뤄낸다.

에스프레소는 섭씨 90~95℃의 뜨거운 물을 압력(8~9bar)을 가하여 곱게 갈아 편편하게 다진 커피가루의 사이로 약 25초에서 30초 사이에 빠져 나오도록 통과 시키면 커피 엑기스 같은 진액 커피가 추출되는데 이 진액이 바로 에스프레소 커피이다.

크레마(Crema)의 정의

에스프레소 커피 상부의 다소 붉은빛을 띠는 거품을 크레마(Crema)라 하는데, 이것은 기체를 품고 있는 액체 상태의 막으로서 작은 거품방울이 모여 있는 것이다. 에스프레소는 분쇄 커피 내에 있는 불용성 기름이 물과의 유화작용에 의해 만들어진 콜로이드적 분산물이다. 이러한 기름들은 정상적으로는 물과 혼합되지 않으며 거품 형성, 습윤성, 점도, 밀도, 입맛 등 음료의 특성을 현저하게 변화시킨다. 에스프레소 추출 시 생성되는 휘발성 물질들은 크레마의 작은 방울들 속에 갇혀 커피의 향을 유지시켜 주며 향기 분자들은 에스프레소를 마신 후 입안에 퍼져, 인후로부터 코에 이르기까지 감지된다. 크레마의 중요 성질은 다음과 같이 설명할 수 있다.

"일반적으로 크레마가 많다고 해서 좋은 품질의 에스프레소라고 할 수는 없으나 크레마가 매우 적거나 없는 에스프레소는 거의 대부분 품질이 좋지 않으며 더욱이 좋은 품질의 에스프레소는 크레마가 있으면 더 맛있다."

크레마는 단열층의 역할을 하여 커피가 빨리 식는 것을 막아주고, 커피의 향을 함유하고 있는 지방 성분을 많이 지니고 있어 보다 풍부하고 강한 커피 향을 느낄 수 있게 해주며, 그 자체가 부드럽고 상쾌한 맛을 지니고 있어 에스프레소에 있어서 매우 중요하다.

크레마(Crema)의 생성 원리

커피는 400°F(204℃)에서 열분해(pyrolysis)가 시작되어 짙은 갈색으로 변하면서 향기로운 오일인 '커피 오일(coffee essence or caffeol)'이 생기므로 보통 450°F(232℃)에서 550°F(288℃)에서 로스팅 하게 된다.

'카페올(Caffeol)'은 1880년 Bernheimer에 의해 사용된 용어이며, 이 카페올의 함량에 따라 커피의 풍미가 결정된다. 보통 로스팅된 아라비카종 원두에는 17%, 로부스타종에는 11%의 '카페올(Caffeol)'이 들어 있으며, 에스프레소를 추출하면 '카페올'이 크레마가 된다.

크레마의 생성은 에스프레소를 추출할 때 1초 정도의 순간적으로 커피를 불리고(Infusion), 모터의 압력(Pressure)로 밀어내는 과정에서 생기는 황금색이나 갈색의 크림이며, 곱게 갈은 에스프레소 커피에서 나오는 아교질과 섬세한 커피 오일의 결합체로 젤라틴과 같은 고운 입자들이 쉽게 침전되지 않고 커피 위에 떠 있는 상태라 할 수 있다. 또한 크레마는 커피의 신선도, 커피의 양, 분쇄 정도, 다지는 정도, 물의 양, 물의 온도, 찌는 시간, 물의 추출 압력 등이 맞아야 제대로 형성된다.

크레마의 특징

크레마의 색이 빨리 연해진다.	크레마가 생기지 않는다.
• 커피의 양이 부족하다. • 너무 빨리 추출되었다. • 너무 오래 추출하였다.	• 커피가 신선하지 않다. • 커피의 양이 부족하다. • 추출 시 보일러 물의 온도가 낮다. • '디카페인' 커피의 경우 크레마가 생기지 않는다.

section 2 에스프레소 기계의 종류와 구성

에스프레소 기계의 종류

에스프레소 기계의 원형은 1855년 프랑스인 에드워드 루아이젤 데 상때가 파리만국바람회에 출품한 것이 시초이며 1901년 루이지 베레라(Luigi Bezzera)에 의해 처음 상업용 머신이 등장하였다. 이것은 1.5기압으로 크레마가 없었으며 높은 기압으로 인해 물의 온도가 상승하고 이에 따라 잡미가 생성되었다. 1947년 아킬레 가찌아(Achille Gaggia)는 이를 보완하기 위해 스크루 피스톤식 머신을 개발하였는데 이것은 압력은 올리고 물의 온도는 올리지 않음으로 인해 우연히 크레마가 발견되었고 또한 이 크레마는 맛있는 에스프레소의 지표가 되었다. 1960년에 발렌테에 의해 Faema E16이 제작되었고 이는 열교환기를 사용하였으며 커피 머신의 소형화가 이루어졌다.

반자동 에스프레소 커피 머신

커피 머신은 정수기와 연수기를 거친 물이 펌프모터를 거쳐 온수스팀 유출관과 커피 추출관으로 분리된다. 온수스팀 라인의 물은 보일러로 유입되어 히터에 의해 가열되며 온수는 추출밸브를 거쳐 온수를 공급한다. 또한 보일러 상부에 채워진 스팀은 스팀밸브를 통해 밖으로 분사된다. 커피추출관으로 유입된 물은 열교환기를 통과하면서 보일러에 의해 간접적으로 가열되어 그룹헤드를 통해 커피를 추출한다.

에스프레소 머신의 종류는 보통 4가지로 분류될 수 있는데 첫째 수동식 머신(Manual machine)으로 사람의 힘으로 레버(피스톤)을 작동하여 추출하는 방식의 머신이며 별도의 그라인더와 탬핑작업이 필요하다. 둘째 반자동 머신(Semi-automatic machine)으로 추출버튼을 손으로 눌러 추출 후 커피 추출물량을 감지해 주는 플로우 미터(flower meter)가 없기 때문에 다시 정지 버튼을 눌러 주는 방식이다. 별도의 그라인더와 탬핑 작업이 필요하다. 셋째 자동 머신(Automatic machine)으로 플로우 미터가 장착되어 있어 물의 양을 설정하여 추출할 수 있으며 별도의 그라인더와 탬핑작업이 필요하다. 넷째 전자동 머신(Fully automatic machine)으로 그라인더가 내장되어 있으며 별도의 탬핑작업 없이 추출버튼을 누르면 커피가 자동으로 추출되는 머신이다.

에스프레소 기계의 구성

보일러(Boiler)

원통형 모양의 저장 장치로 물과 스팀을 에스프레소에 필요한 적절한 온도로 가열하고 저장하는 역할을 한다.

워터레벨 게이지(Water level gauge)

보일러에 물이 얼마나 들어있는가를 표시하는 눈금으로 보통 투명관으로 만들어져 있다.

압력 게이지(Pressure Gauge)

스팀압력 게이지와 펌프압력 게이지 등 두 가지가 있다. 스팀과 물의 압력레벨을 표시해 준다.

샤워 홀더(Shower holder, Diffuser)

커피 머신의 추출구(Group Casting)에 장착하는 장치로 그룹 헤드 본체에서 나오는 한 줄기의 물을 샤워 홀더를 통과하면서 4~6개의 물줄기로 갈라져서 나오게 한다. 보통 디퓨저(Diffuser)라고 부르기도 한다.

분산 스크린(Dispersion Screen)

샤워 홀더에 장착하는 장치로 바스켓 필터의 커피에 물이 고르게 분배되도록 해준다. 오래 사용하면 구멍이 넓어지기 때문에 1년 주기로 교체해 주어야 한다.

개스킷(Gasket)

포터 필터와 그룹 헤드 사이의 밀착력을 좋게 하기 위해 필요한 것으로 에스프레소 추출 시 고온 고압의 물이 새지 않도록 하는 역할을 한다. 보통 6개월~1년 정도 사용 후 교환 해준다.

워터노즐(Water Nozzle)

보일러에서 데워진 뜨거운 물이 나오는 노즐이다.

스팀노즐(Steam Nozzle)

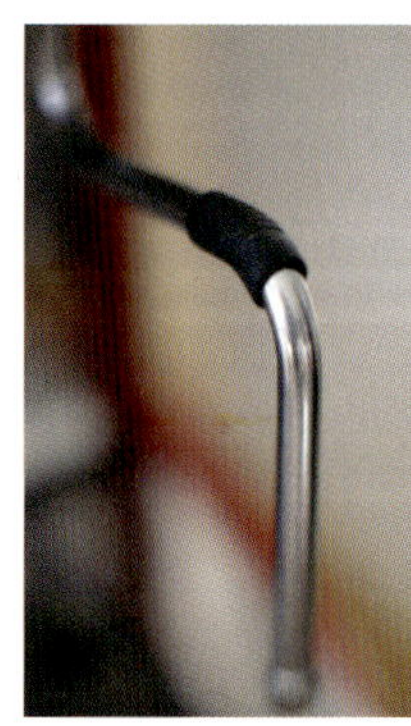

뿜어져 나오는 증기로 우유를 데우거나 우유의 거품을 만든다.

탬퍼(Tamper)

필터 홀더(Filter Holder)에 커피를 담아 눌러줄 때 사용하는 도구이다. 탬퍼의 재질은 스텐인리스 스틸, 알루미늄, 플라스틱 등으로 되어 있으며 스테인리스 스틸 재질의 탬퍼는 무게감이 있기 때문에 작은 힘으로도 탬핑이 가능하다는 장점이 있다.

포터필터(Portafilter)

분쇄된 커피를 담아 그룹 헤더에 장착하는 기구로 필터 홀더(Filter Holder)와 바스켓 필터, 필터 고정 스프링으로 구성되어 있다. 포터필터는 동으로 제작되어있는데 항상 그룹 헤드에 장착되어 예열된 상태를 유지하여야 하며 종류는 커피 추출구(spout)의 개수에 따라 1잔용과 2잔용이 있다. 또한 바스켓 필터도 포터 필터의 종류에 따라 모양이 달라진다. 필터 고정 스프링은 필터 홀더에 바스켓 필터를 고정시키는 역할을 한다.

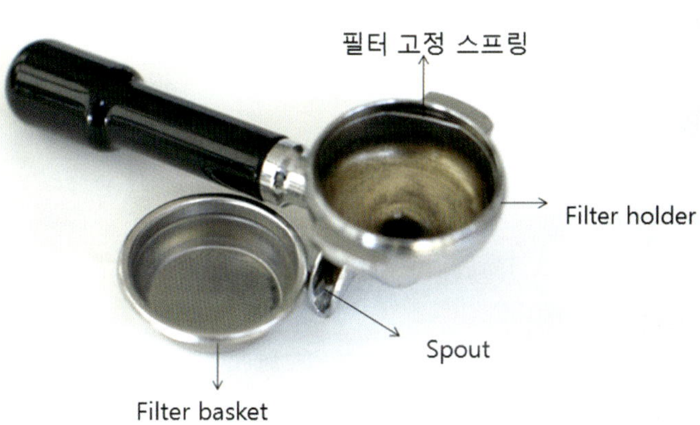

포터필터의 각 부분별 명칭

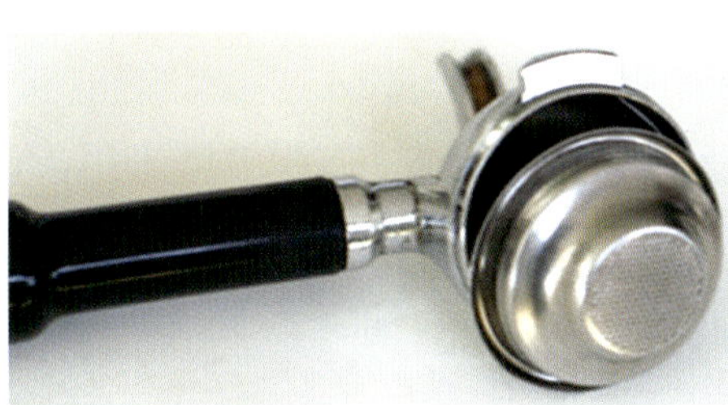

1잔용 포터필터

2잔용 포터필터

컵 워머(Cup warmer)

에스프레소 머신의 가장 윗부분에 위치해 있으며 보일러의 열 또는 내장된 열선에 의해 컵 등을 예열하는 부분이다.

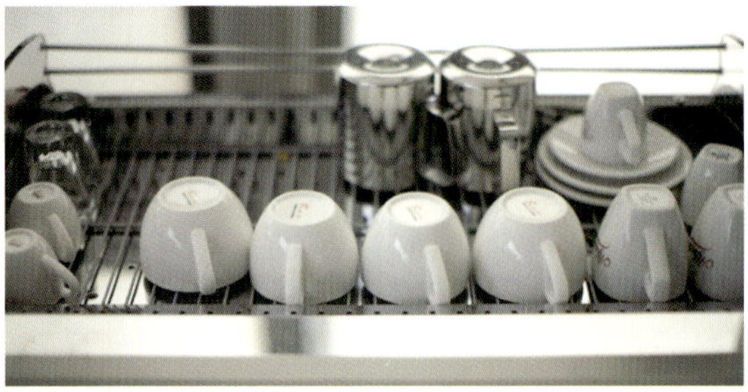

작동버튼

작동버튼은 포터필터를 장착 후 눌러 커피를 추출하는 버튼으로 컵 모양과 함께 추출되는 양을 표시하고 있으며 원하는 양 만큼 추출양을 조절할 수 있다. 또한 프리 버튼(free button)은 원하는 양만큼 추출 후 다시 눌러야 작동이 멈추는 버튼이다.

드립 트레이(Drip tray)와 드레인 박스(Drain box)

커피 추출액이나 물이 빠져 나가는 부분이다. 머신 아래로 오염된 물이 누수되는 현상이 있는 것은 주로 드레인 박스 연결부분이 접촉이 되지 않았거나 드레인 라인이 막혔을 때 주로 발생하기 때문에 드레인 박스와 라인을 수시로 청소해 준다.

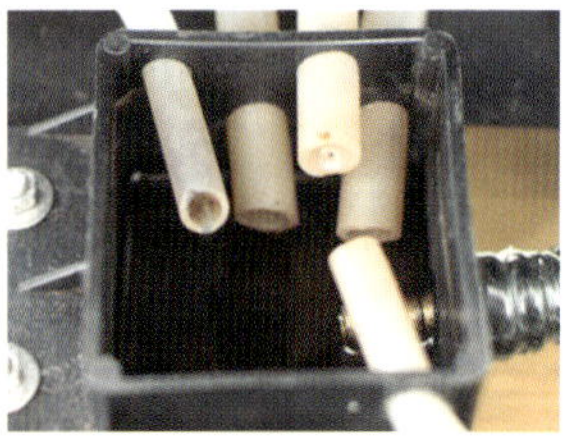

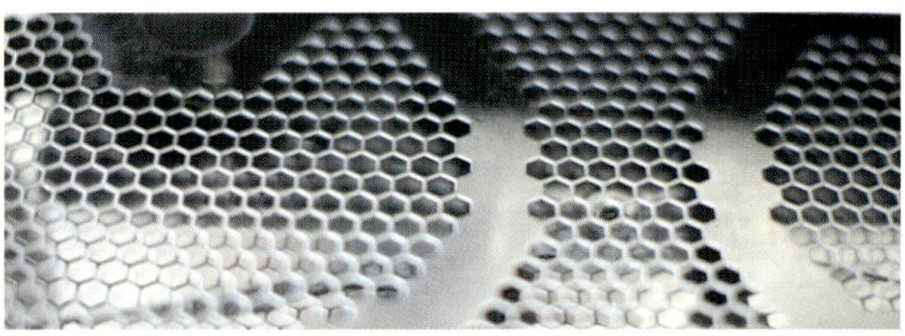

section 3 에스프레소 커피 그라인더의 종류와 구성

그라인더의 종류 및 특징

에스프레소 추출에서 중요한 역할을 하는 것 중의 하나가 그라인더를 이용한 그라인딩 작업이다. 원두를 적당한 굵기로 분쇄하여야만 맛있는 에스프레소를 추출할 수 있다. 그라인더를 선택할 때는 입자를 미세하게 조절할 수 있어야 하며 분쇄시 열이 발생하지 않는 것이 좋다. 그라인더는 날의 종류에 따라 롤러 커터(roller cutter), 플랫 커터(flat cutter), 코니컬 커터(conical cutter)가 있으며 롤러 커터는 주로 대용량을 분쇄시 사용하며, 플랫 커터는 에스프레소용 그라인더에 많이 사용되며 코니컬은 주로 핸드 드립용 그라인더에 많이 사용하고 있다. 작동 방식에 따라 분쇄 원두의 양을 조절하는 센서가 없고 on-off 동작만 가능한 반자동 그라인더와 분쇄 커피의 무게와 시간을 세팅함으로써 원하는 양만큼의 커피를 분쇄할 수 있는 자동 그라인더가 있다.

그라인더의 구성

전원스위치(on/off Switch)

그라인더를 작동 또는 정지 시킨다.

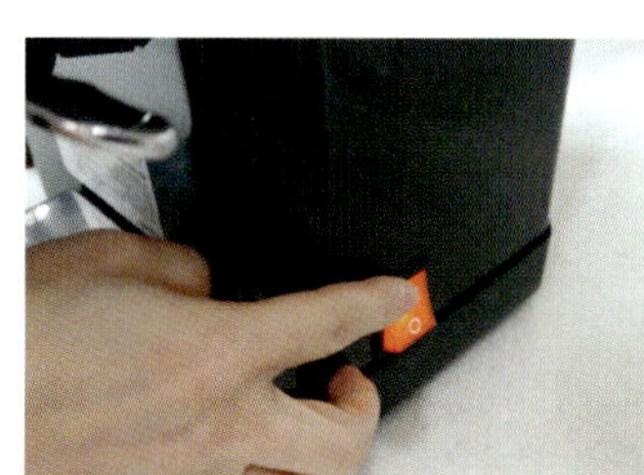

호퍼(Hopper)

분쇄할 커피를 담아 두는 통이다.

조정접관

원두의 분쇄 정도를 조정하는 부분이다.

도저(doser)

분쇄된 커피가 보관되는 곳으로 보통 6칸으로 되어있으며 시계방향으로 회전한다.

도징레버

분쇄된 커피를 포터 필터로 이동시키는 역할을 한다.

포터필터 받침대 및 받침대(drip tray)

포터필터 받침대는 도징시 포터필터를 고정시키는 역할을 하며 받침대는 작업 중 흘린 커피를 받는 역할을 한다.

section 4 에스프레소 추출 과정

잔 예열하기

작은 잔(60~90ml)을 사용하여 적은 양(25~30ml)을 담는 에스프레소는 금방 식어버리기 때문에 반드시 잔을 예열하여 사용한다. 이 때 잔을 워머에 올려 두면 예열이 되지만 온수를 이용하여 잔을 데울 수도 있다.

포터필터 분리 및 포터필터 건조시키기

그룹헤더에서 포터필터를 분리하여 마른 행주를 사용하여 포터필터 안의 물기를 닦아 준다.

원두 분쇄(Grinding) 및 도징(Dosing)

포터필터를 받침대에 걸친 후 전원을 켜고 도징 레버를 당겨 적당한 양의 커피를 받는다. 일반적으로 1인용 커피의 경우 6~8g 정도, 2인용인 경우 12~16g 정도의 커피 양을 받는다. 도저 박스에서 커피 가루가 배출될 때 분산되어 나오는 경우가 많고 포터필터 한쪽으로 집중되어 배출되는 경우가 많기 때문에 포터필터를 좌우로 움직여 바스켓에 골고루 담겨 지도록 한다.

커피 고르기(Leveling)

포터 필터에 담긴 커피는 한쪽으로 치우치거나 한쪽공간이 빈 경우가 많기 때문에 윗면을 평평하도록 고르는 작업이다. 이 때 그대로 깎아 버리면 버리는 양이 많기 때문에 좌우로 커피가루를 이동시켜 골고루 담기도록 한다.

팩킹(Packing)

팩킹은 포터필터 안의 내용물을 고르게 담기 위한 과정으로 1차 탬핑(1's tamping), 태핑(Tapping), 2차 탬핑(2's tamping)의 과정으로 나누어진다. 간혹 태핑과 2차 탬핑을 생략하고 바로 추출하는 경우도 있다.

1차 탬핑

탬퍼를 이용하여 포터필터 안의 커피를 수평이 되로록 하면서 살짝 누른다.

태핑(Tapping)

포터필터 가장자리에 달라붙어 있는 커피 가루를 포터필터 바깥쪽을 탬퍼로 살짝 쳐서 필터 바스켓 안으로 떨어지게 하는 과정이다. 이 때 너무 세게 치면 필터 바스켓안의 커피에 균열이 가며 이곳으로 물이 빠르게 흘러 제대로 된 에스프레소를 추출할 수 없게 된다. 따라서 적당한 힘을 가해 태핑을 하도록 한다.

2차 탬핑

탬핑을 마무리 하는 단계로 1차 탬핑때 보다 약간 힘을 더 가하여 포터 필터 안의 필 라인선 까지 누른 후 일정한 힘을 가하며 탬퍼를 180도 정도 돌려준다. 이 때 기울어 지지 않도록 조심한다.

추출 전 물 흘리기

샤워 스크린에 붙어 있는 커피 찌꺼기를 제거하거나 커피 추출에 사용되는 커피의 온도를 적당한 온도로 떨어뜨리기 위해 커피 추출전 추출 버튼을 눌러 물을 흘려준다.

포터필터 장착 및 커피 추출

그룹 헤더에 포터필터를 장착 한다. 정면에서 45도 왼쪽방향에서 오른쪽 방향으로 돌려 장착한다. 포터필터 장착 후 추출 버튼을 누른 후 컵 워머에 예열되어 있는 잔을 내려놓는다.

포터필터 청소 및 마무리

추출 후 포터필터 안에 들어 있는 커피 케익은 넛 박스(Knock box)에 버리고 추출 버튼을 눌러 필터 바스켓 안의 커피 찌꺼기를 씻는다. 그룹 헤더에 장착 후 주변을 정리한다.

section 5 에스프레소 추출시 PACKING과 TAMPING

에스프레소 커피 추출(Brewing) 준비

알맞은 추출수의 온도와 정확하고 밀도 있는 담기, 올바른 다지기 등 모든 것이 충족되어야만 에스프레소 커피 추출이 가능하다. 먼저 에스프레소 커피(Espresso Coffee)에 관하여 알아보면 다음과 같다.

에스프레소 커피 빈(Espresso Coffee Bean)

모든 에스프레소 커피(Espresso Coffee Bean)는 Blending, Roasting, 냉각, 그리고 포장 과정을 거쳐 제조된다. Blending은 기본적으로 서로 다른 향미 성분들 사이에 균형을 이루어 커피의 질을 향상시키고, 그 질을 변함없이 지속하기 위한 목적으로 행해진다. 일반적으로 중성의 커피를 기초로 해서 신맛이나 쓴맛이 있는 커피를 섞어 향기 좋고, 감칠맛 나는 커피를 만들어 낸다. 즉 Blending의 목적은 신맛, 쓴맛, 풍미 그리고 향의 조화로움에 있다.

이렇게 Blending 과정을 거친 커피는 Roasting 과정을 거쳐 커피의 맛과 향을 최초로 부여 한다. Roasting한 후에는 재빨리 냉각(Cooling)해야 한다. 그렇지 않을 경우, 불을 내렸다고 하더라도 커피콩 자체는 매우 뜨겁기 때문에 식는 도중에도 커피 내부에서 지속적인 Roasting이 이루어질 수 있기 때문이다.

냉각 후 상온에서 2~3일 정도로 커피 빈의 이산화탄소(CO_2)를 충분히 방출한 후 산소와 접촉을 차단 할 수 있는 포장방법으로 포장하여 카페 및 바리스타들에게 전달된다.

위에 설명한 것처럼 에스프레소 커피는 전용 에스프레소 커피 빈을 사용하여야한다. 자신의 커피샵의 테마 및 바리스타의 기호에 맞는 에스프레소 커피 빈을 선정하여 사용하는 것이 중요하다.

분쇄 굵기(Grinding)

분쇄 굵기는 커피 그라인더를 이용 커피의 가루를 가늘게 또는 굵게 조절하는 것으로 쉽게 생각해서 커피의 분쇄가루가 가는 것은 진흙이고 굵은 것은 모래라고 생각하면 된다. 분쇄 가루가 가늘수록 커피의 추출시 커피의 유속이 느려 커피의 쓴맛이 강조되고 크레마의 색 또한 진한 갈색과 반점이 나타난다. 여기서의 쓴맛은 추출시 88~96℃의 물이 분쇄된 커피가루와 접촉하는 시간이 길어지므로 쓴맛, 탄맛을 많이 가지고 있다. 반면 분쇄입자가 클수록 유속이 빨라지고, 커피가 가지고 있는 성분을 모두 추출하지 못하므로 커피의 맛은 가벼워지고 크레마의 색 또한 연한 갈색이 나타난다.

분쇄 굵기에 따른 추출결과

분쇄 입자가 가는 경우

분쇄 입자가 굵은 경우

분쇄 입자가 적당한 경우

분쇄커피의 담는 양(Dosing)

한 잔의 에스프레소 커피를 추출할 때 커피의 양은 6.5~8g 이지만 정확한 커피의 양은 정해져 있지 않다. 이는 사용하는 커피에 맞게 커피의 양을 결정하여 사용하는 것이 중요하다. 포터필터에 분쇄커피를 밀도 있게 담기 위해서는 사용하는 커피 그라인더를 정확하게 이해하여 사용하여야 하며 어느 한쪽으로 기울지 않도록 포터필터에 골고루 담아내는 것 또한 중요하다.

분쇄커피 다지기(Tamping)

포터필터에 분쇄커피를 밀도 있게 담은 후에는 탬퍼(Tamper)를 이용하여 담겨진 분쇄커피를 다져준다. 이 동작을 탬핑(Tamping)이라고 한다. 이때 수평으로 다져주는 것이 중요하다. 어느 한쪽으로 힘이 쏠려 커피의 표면이 기울어진다면 추출시 올바른 추출을 할 수 없고 포터필터의 가장자리에 분쇄커피가 많이 남아있을 수 있다. 그리고 탬퍼가 포터필터의 직경보다 클 경우 탬퍼의 직경을 사용하는 머신의 포터필터에 맞는 사이즈로 교체한다. 즉, 포터필터의 가장자리까지 같은 강도로 탬핑하여 커피찌꺼기를 털었을 때 커피 찌꺼기(Puck)의 모양이 균일해야 하며, 포터필터 안에 부서진 커피찌꺼기가 남아있으면 안 된다.

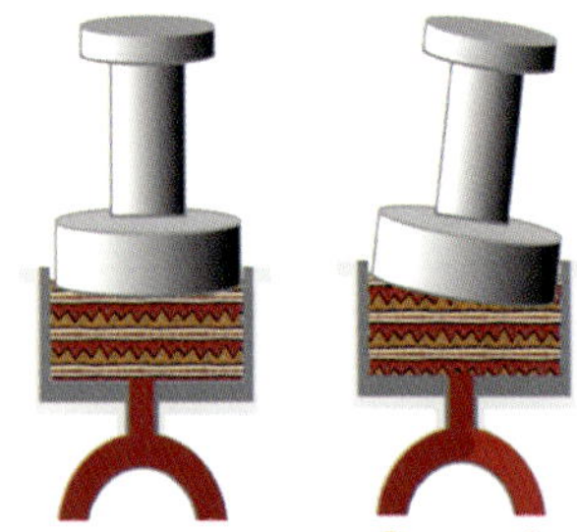

올바른 다지기　잘못된 다지기

추출수 압력(Pressure)

추출수 압력이란, 워터펌프의 힘을 이용 순간적인 물의 압력을 커피와 접촉시키는 힘을 말한다. 추출수의 압력은 워터펌프에 있는 추출수 압력 조절나사로 조절 할 수 있으며, 평균적으로 7~10bar의 압력으로 에스프레소 커피를 추출한다. 추출수압 이 낮을수록 커피와 추출구의 접촉시간이 길어지기 때문에 에스프레소 커피 맛은 쓴맛이 강조되고, 추출수 압력이 높아질수록 커피와 추출수의 접촉시간이 짧아져 커피의 좋은 성분을 모두 추출하기 힘들어 다소 가벼운 맛이 강조된다. 사용하는 에스프레소 커피에 맞는 정확한 추출수 압력만이 가장 균형 잡힌 에스프레소 커피를 추출 할 수 있다.

추출(Brewing)

포터필터에 분쇄커피를 밀도 있게 담고, 다지기를 수평으로 한 후 포터필터를 에스프레소 커피 머신의 그룹헤드에 장착한다. 장착 후 바로 추출 버튼을 누르지 않고 시간이 지난 뒤에 추출하게 되면 커피의 탄맛과 쓴맛이 발생하므로 즉시 추출 버튼을 눌러 추출하는 연습을 한다. 평균적으로 에스프레소 커피의 추출시간은 20~30초의 시간을 두고 있다. 너무 짧은 추출시간은 신맛이 강조되고 너무 긴 추출시간은 쓴맛과 커피의 잔여 맛들이 나타난다. 사용하는 커피품질의 이해와 정확한 추출시간을 찾기 위해서는 추출시간에 따른 맛의 변화로 가장 이상적인 에스프레소 커피의 추출시간을 찾아야한다.

25ml~35ml

추출수 온도(Temperature)

커피 추출수의 온도가 낮을수록 에스프레소 커피의 맛은 떫은맛이 강조된다. 반면 추출수의 온도가 높을수록 분쇄된 커피를 순간적으로 태우기 때문에 쓴맛, 탄맛이 나타난다. 가장 이상적인 추출수의 온도는 88~96℃이지만 사용하는 커피의 품질에 맞는 정확한 추출수 온도를 확인 하는 것이 매우 중요하다.

88℃~96℃

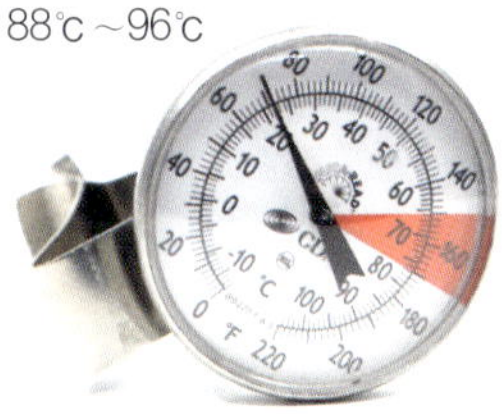

추출 시간에 따른 맛의 변화

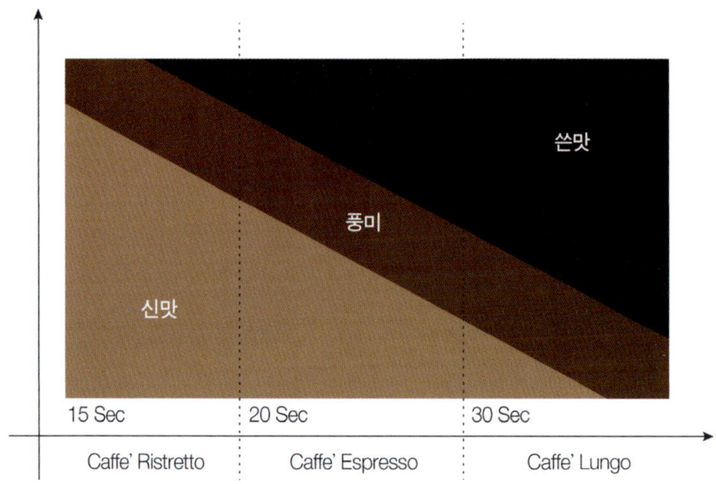

리스트레토(Ristretto)

추출시간 15~20초로 짧게 하고 추출된 양도 15~20ml 정도로 한 것으로 신맛이 강하다

에스프레소(Espresso) 또는 싱글(Single)

20~30초 내에 추출하며 추출된 양도 20~30ml 정도이며 신맛과 쓴맛이 조화로운 것이 특징이다.

룽고(Lungo)

영어의 'long(길다)'라는 의미이며 일반 에스프레소 보다 추출시간을 30초 이상으로 하고 추출양도 40~50ml 정도이다. 쓴맛이 강한 것이 특징이며 크레마의 색상은 연한 갈색이다.

도피오(Dopio)

두 잔의 에스프레소를 한 잔에 추출하는 것으로 추출시간은 20~30초 이며 양은 40~60ml 정도이다. 진한 에스프레소의 맛을 길게 느낄 수 있다.

에스프레소 추출 방법

1. 정확한 분쇄 : 에스프레소는 커피를 아주 고운 입자로 분쇄해야 한다.
2. 도스(Dose) : 도스란 일회 추출하는 커피의 양으로, 커피를 담는 필터 홀더(포타필터)에 정확한 도스를 담아 주는 것이 중요하다.
3. 탬핑 : 분쇄해서 담은 커피를 탬퍼라는 기구로 힘을 가해 눌러 다져 준다.
4. 추출 압력 : 기계에서 분출하는 뜨거운 물을 9기압(9Bar)의 압력으로 나오도록 조정해 준다.
5. 커피의 양 : 리스트레토, 룽고 등 어떤 종류의 에스프레소를 기본으로 쓸 것인가 결정하여 정확한 양을 추출해야 한다.
6. 커피 잔 : 미리 데워 놓은 에스프레소용 잔에 담아 제공한다.

section 6 에스프레소 맛 구분법

시각적 구분

크레마를 시각적으로 아래와 같이 구분한다.

- 색깔 : 황금색 또는 황갈색이어야 한다.
- 조직 : 벨벳 천의 결처럼 고운 조직이어야 한다.
- 지속력 : 크레마는 적어도 고객의 테이블에 서빙이 되고 설탕을 탄 후까지도 지속되는 강도를 가지고 있어야 한다.

후각적 구분

고소한 냄새, 초콜릿 향 또는 꽃이나 잘 익은 과일에서 나는 향으로 표현된다.

혀로 느끼는 맛

혀로 느낄 때 쓴맛과 떫은맛이 가장 강하게 느껴진다. 혀의 가장자리에 느껴지는 쌉쌀한 맛이 바로 커피의 신맛인 Acidity이다. 초콜릿과 같은 맛, 잘 숙성되어 약간의 아린 듯 느껴지는 맛이 나며, 단맛은 뒷맛으로 남는다.

뒷맛

에스프레소는 뒷맛을 즐기는 커피이다. 그래서 설탕을 가미하여 마시고 그 뒷맛을 간직하는 것이다.

section 7 에스프레소 추출의 핵심 체크 포인트

- 포터필터가 충분히 데워진 상태에서 탬핑하고 장착 하는가?
- 포터필터 장착 후 2초 이내에 추출버튼을 눌러주는가?
- 추출되는 커피줄기가 일정하고 매끄럽게 나오며, 두 잔의 추출량은 같은가?
- 크레마의 색깔과 농도, 커피의 맛과 향은 기대수준을 만족시켜주는가?
- 추출 후 커피찌꺼기는 안정적인 모양을 갖주고 있는가?

section 8 에스프레소 추출의 문제와 해결책

에스프레소 머신의 잘못된 사용으로 인해 발생하는 문제점과 해결책

문제점	원인	해결책
엷은 크레마 (너무 빠르게 추출된 커피)	• 물의 온도가 90℃보다 낮는 경우 • 펌프압력이 9bar보다 높은 경우 • 물 공급이 제대로 안 되는 경우 • 바스켓필터 구멍이 너무 큰 경우	• 보일러 압력을 높여준다. • 펌프압력을 줄여준다. • 블랭크필터로 청소하고 점검한다. • 포터필터 필터 교체 및 점검한다.
진한 크레마	• 물의 온도가 95℃보다 높은 경우 • 펌프압력이 9bar보다 낮은 경우 • 물 공급이 제대로 안되는 경우 • 포터필터(바스켓필터)가 막힌 경우	• 보일러 압력을 내린다. • 펌프압력을 올린다. • 블랭크필터로 청소하고 점검한다. • 바스켓필터를 청소하고 점검한다.
포터필터의 추출구 바깥으로 커피가 흘러나오는 경우	• 포터필터(바스켓 필터)가 막힌 경우 • 개스킷이 낡았거나 경화된 경우	• 포터필터(바스켓필터)를 청소한다. • 개스킷을 교체한다.
포터필터 안의 커피가 움푹 패인 경우	• 물 공급이 불안정한 경우 (디퓨저가 부분적으로 손상)	• 디퓨저 청소 및 교체한다.
컵 안에 커피 가루가 남는 경우	• 펌프압력이 9bar보다 높은 경우 • 바스켓필터 구멍들이 너무 큰 경우 • 디퓨저의 구멍이 막혀 있을 경우	• 펌프압력을 내린다. • 바스켓필터 점검 또는 교체한다. • 디퓨저 점검 또는 교체한다.

그라인더의 잘못된 사용으로 인해 발생하는 문제점과 해결책

문제점	원인	해결책
옅은 크레마 (너무 빠르게 추출된 커피)	• 분쇄입자가 너무 굵은 경우 • 탬핑이 기준보다 약한 경우 • 커피 사용량이 기준보다 적은 경우	• 분쇄입자를 조금 더 곱게 조정한다. • 탬핑을 조금 더 강하게 한다. • 사용량을 조금 더 늘린다.
진한 크레마	• 분쇄입자가 너무 고운 경우 • 탬핑이 기준보다 강한 경우 • 사용량이 너무 많은 경우	• 분쇄입자를 조금 더 굵게 조정한다. • 탬핑을 조금 더 약하게 한다. • 사용량을 조금 줄인다.
커피 찌꺼기가 나오는 경우	• 분쇄입자가 너무 고운 경우 • 그라인더 날이 마모된 경우(굵기가 불안정)	• 분쇄입자 굵기를 조금 더 굵게 조정한다. • 그라인더 날을 교체한다.

section 9 에스프레소 추출 후 기계관리

포터필터의 청소

영업 중에 포터필터는 찌꺼기(또는 필터 밑에 축적된 커피 오일)를 제거하고 마른 행주로 닦아낸 다음 그룹에 장착해 둔다.(20잔 내외 추출 시)

블랭크 필터를 이용한 스크린(디퓨저)의 청소

영업 마감 후 매일 청소

포터필터에서 바스켓필터를 빼내고 블랭크 필터로 교체한 다음 그룹에 장착하고 추출버튼을 누른다. 이때 포터필터 안에는 그룹의 디퓨저에 쌓인 찌꺼기가 떨어져 있다.

스크린(디퓨저)의 분리 후 청소

1주일에 1회 정도 청소한다.

머신전용 약품을 이용한 스크린과 샤워 플레인트의 청소

1주일에 2~3회 청소한다.

그라인더의 청소

한 달에 한번 분해하여 청소, 또는 날 점검 후 교체한다.

원두커피 보관통의 청소

커피의 기름성분으로 일주일에 한번 청소한다.

분쇄된 원두커피 보관통의 청소

매일 영업마감 후 청소한다.

스팀 완드의 청소

피처에 찬물을 받고 찬물을 스티밍 하기를 수차례 하여 스팀 완드 속에 잔재하는 밀크의 찌꺼기를 제거한다. 스팀 완드의 분출구를 탈착하여 세제에 담가 놓는다.

물받이와 기계 외부 청소

매일 영업마감 후 청소한다.

Chapter 9

에스프레소(Espresso)와 우유를 이용한 기본 메뉴

section 1 우유 거품 만들기

에스프레소만을 즐기는 사람도 많지만 여기에 우유를 첨가하여 다양한 맛을 즐기는 사람들도 많다. 우유에는 수분이 88~89%, 단백질이 2.7~4.4%, 지방이 35%, 당질이 약 5%, 무기질 약 0.7% 정도 함유되어 있다. 따라서 커피에 우유를 첨가하여 마심으로 맛 뿐만 아니라 영양적인 면에서도 도움을 줄 수 있다.

우유 스티밍 단계

준비단계

우유와 피처는 5℃ 정도의 차가운 냉장상태로 보관한다.

피처에 우유 따르기

사용 용도에 맞는 피처를 선택하여 우유를 따른다.

스팀 분출

스팀을 계속해서 사용하지 않으면 스팀완드 내부에 물이 있기 때문에 물을 빼 주기 위해서 스팀을 충분히 분사해 준다.

거품 만들기 준비단계

스팀봉의 팁을 우유의 표면에서 약 1cm정도 담근 후 스팀밸브를 연다.

거품 만들기 단계

스팀봉의 팁을 우유 표면에 살짝 보이도록 피처를 아래로 내리면서 우유 거품을 만든다. 이 때 온도를 약 30℃(약간 따뜻한 정도)를 유지하면서 원하는 양 만큼의 우유 거품을 만든다. 우유의 온도가 40℃도가 넘으면 단백질의 변성이 시작되고 또한 매끈한 우유 거품을 내기 힘들기 때문에 우유 거품을 빨리 낸다.

우유 데우기 및 혼합단계

사용할 양 만큼의 우유 거품이 만들어 졌으면 온도를 60~65℃정도로 높인다. 우유는 60~65℃에서 우유에 포함된 당질인 유당으로 인한 은근한 단맛이 최고로 느껴진다. 우유 데우기를 하면서 스팀 노즐을 피처의 가장 자리로 이동하여 우유가 회전할 수 있도록 한다. 우유가 회전하기 시작하면 다시 스팀 노즐을 피처의 가운데로 이동시켜 우유가 소용돌이가 일도록 하여 우유와 거품이 서로 섞여 매끈한 거품 즉, 밸벳 거품이 되도록 한다. 우유 데우기시 주의할 점은 우유를 70℃ 이상으로 가열하지 않는다. 이는 유청단백질의 대부분은 70℃ 이상으로 가열 하면 응고하고 가열취를 생성시키기 때문이다.

스팀 끄기

충분히 가열이 되면 스팀을 끈다.

청소

스팀 노브를 열어 스팀완드에 들어간 우유를 빼 주고 젖은 행주로 완드를 깨끗이 닦아 준다. 이 때 완드를 신속히 닦아 주지 않으면 완드에 우유 찌꺼기가 굳어 쉽게 닦여 지지 않으며 또한 좋지 않은 냄새가 나거나 팁의 구멍이 막힐 수 있다.

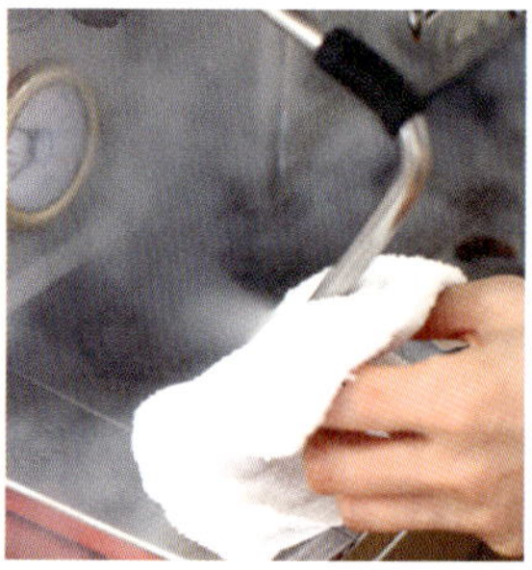

section 2 카푸치노(Cappucino) 만들기

카푸치노는 에스프레소의 쓴맛과 우유의 고소함과 우유 거품의 부드러움을 함께 느낄 수 있는 메뉴이다. 카푸치노라는 말은 프란체스코의 카푸친 수도사들이 쓰고 다니는 모자의 모양과 카푸치노의 우유거품의 모양이 비슷하여 유래되었다고 한다. 카푸치노는 양을 기준으로 에스프레소와 우유, 우유거품이 1 : 2 : 2의 구성비로 이루어져있는 만큼 우유거품의 상태가 아주 중요하다. 보통 잔은 150~180ml의 잔을 사용하며 거품의 양은 1cm이상 덮여 있어야 한다. 거품을 올리는 방법에 따라 드라이 카푸치노(Dry cappucino), 웻 카푸치노(Wet cappucino)로 나눌 수 있는 데 드라이 카푸치노는 보통 우유 거품을 낸 후 스푼으로 거품을 떠서 커피위에 올려 주는 방식이고, 웻 카푸치노는 우유와 우유거품을 잘 섞어 커피에 따르는 방식이다.

Recipe

① 150~180ml의 카푸치노 잔에 에스프레소를 받는다.
② 냉장 보관된 우유 300ml(2잔 기준)정도를 피처에 부은 후 스티밍을 한다.
③ 예열된 다른 피처에 1/3정도의 양을 부어 둔다.
④ 스팀 피처 내부의 우유 거품에 큰 공기 방울이 있으면 피쳐를 바닥에 살짝 쳐 공기를 터 트린 후 둥글게 돌려 우유와 우유거품을 골고루 잘 섞어 벨벳 거품을 만들어 준다.
⑤ 에스프레소가 담긴 잔을 45도 정도 기울인 후 잔의 가장 깊은 위치에 우유를 부어준다. 이 때 윗부분에 우유 거품이 얹혀 하얗게 되면 피처를 높이 들어 우유 줄기를 가늘게 떨어지도록 하여 하얀 부분을 아래로 내려 준다.
⑥ 피처를 아래로 내린 후 살짝 숙여 우유 거품을 부어준다.
⑦ 평가

section 3 카페 라떼(Caffe Latte) 및 라떼 아트(Latte Art)

카페 라테(Caffe Latte)

카페 라떼는 에스프레소에 우유를 첨가하여 마시는 것으로 라떼는 이탈리아어로 '우유'를 뜻한다. 카푸치노에 비해 우유를 많이 넣으며 반면에 우유거품의 양이 적다. 또한 제공하는 잔은 카푸치노가 150~180ml의 잔에 제공한다면 라떼는 200~250ml의 큰 잔에 제공한다. 아침식사 대용으로 빵과 함께 마신다.

카푸치노

카페라떼

라떼 아트(Latte Art)

바리스타들은 카페 라떼에 우유를 이용한 여러 가지 디자인 커피를 개발하여 자신만의 독특한 라떼 아트를 선보이고 있다. 라떼 아트는 라떼(Latte) 즉, 우유와 아트(Art) 예술의 결합을 의미하는 것으로 에스프레소와 우유 및 다양한 재료를 사용하여 단순한 커피를 제공하는 것이 아니라 바리스타들의 예술적인 감각까지 제공하여 카페를 찾는 사람들로 하여금 맛 뿐만 아니라 재미를 줄 수 있다. 라떼 아트는 바리스타들이 카푸치노를 만들다가 우연히 발견하였다고 하며 처음 이탈리아에서 꽃과 나뭇잎을 기초한 로제타(Rosetta Art)를 시작으로 에스프레소의 본산인 미국의 시애틀에서는 다양한 형태의 나뭇잎, 하트, 사과 등이, 일본에서서는 고양이, 강아지, 다양한 만화 캐릭터들로 발전하였다.

라떼 아트의 3가지 요소

라떼 아트를 하기 위해서 꼭 필요한 세 가지 요소는 첫째 신선한 커피로 정확한 추출법에 의해 추출된 에스프레소와 크레마가 필요하며 둘째 적당한 농도를 가진 벨벳 우유 거품이 필요하다. 마지막으로 가장 중요한 것은 바리스타의 능숙한 기술이라 하겠다. 라떼 아트는 정확하게 추출된 에스프레소의 크레마라는 도화지 위에 바리스타가 우유 거품을 이용하여 그림을 그리는 것이라고 이야기 할 수 있다.

라떼 아트의 종류

초코에칭

초코에칭은 가장 쉬운 기법 중의 하나로 크레마 위에 스팀한 우유를 부어 그 표면위에 초코 소스와 날카로운 도구를 이용하여 그림을 그린다.

에칭

에칭 기법은 크레마 위에 스팀한 우유를 크레마 밑으로 부어 윗 표면을 검게하여 흰 우유 거품과 에칭 도구를 이용하여 그리는 방법이 있으며, 윗 표면을 우유 거품으로 하얗게 한 후 에스프레소와 에칭도구를 이용하는 그리는 두가지 방법이 있다.

푸어링(Pouring)

가장 많이 연습시간을 요하는 푸어링은 에스프레소와 스팀한 우유만을 이용하여 나뭇잎, 하트, 풀잎, 튤립 등 여러 가지를 표현하는 기법이다.

초코에칭과 푸어링(Pouring)의 결합

푸어링을 한 후 초코에칭을 이용하여 다양한 그림을 표현하는 기법이다.

푸어링(Pouring)과 에칭의 결합

푸어링을 한 후 에칭도구를 이용하여 다양한 그림을 표현하는 기법이다.

Chapter 10

커피메뉴 (COFFEE MENU)

에스프레소 비체린
Espresso Bicerin

Ingredient & Dose

품명	단위	수량	비고
에스프레소	잔	1	
휘핑크림	g		
초콜릿	g		분쇄

Recipe

1. 포터필터에 분쇄 커피를 담는다.
2. 그룹헤더에 포터필터를 장착한다.
3. 데미타세 잔을 포터 필터 밑에 두고 추출버턴을 눌러 추출한다.
4. 에스프레소에 휘핑크림을 얹는다.
5. 휘핑크림 위에 분쇄 초콜릿을 얹는다.

에스프레소 로마노
Espresso Romano

Ingredient & Dose

품명	단위	수량	비고
에스프레소	잔	1	
레몬즙			약간
레몬 껍질			약간

Recipe

1. 포터필터에 분쇄 커피를 담는다.
2. 그룹헤더에 포터필터를 장착한다.
3. 데미타세 잔을 포터필터 밑에 두고 추출 버턴을 눌러 추출한다.
4. 에스프레소에 레몬즙을 약간 뿌린다.
5. 마지막으로 레몬 껍질을 장식한다.

카페 오레 Caff'e au lait

Ingredient & Dose

품명	단위	수량	비고
에스프레소	잔	1	
물	ml	50	뜨거운 물
우유	ml	120	따뜻한 우유

Recipe

1. 포터필터에 분쇄 커피를 담는다.
2. 그룹헤더에 포터필터를 장착한다.
3. 데미타세 한 머그잔 또는 카푸치노 잔에 에스프레소를 추출한다.
4. 에스프레소에 따뜻한 물 120ml 붓는다.
5. 4에 따뜻한 우유 120ml 붓는다.

카페 라떼 마키아또
Caff'e Latte Macchiato

Ingredient & Dose

품명	단위	수량	비고
에스프레소	잔	1	
우유	ml	150	휘핑

Recipe

1. 휘핑우유를 만들어 마끼아또 잔에 붓는다.
2. 포터필터에 분쇄 커피를 담는다.
3. 그룹헤더에 포터필터를 장착한다.
4. 에스프레소 잔에 에스프레소를 추출한다.
5. 1에 에스프레소를 붓는다.

카페 보르지아 Caffee Borgia

Ingredient & Dose

품명	단위	수량	비고
에스프레소	잔	1	
물	ml	90	따뜻한 물
휘핑크림	g		적당량
초코가루	g	15	
초코시럽	g		약간

1. 포터필터에 분쇄 커피를 담는다.
2. 그룹헤더에 포터필터를 장식한다.
3. 투명잔에 초코 가루를 넣고 따뜻한 물로 잘 저은 후 에스프레소를 추출한다.
4. 3 위에 휘핑크림을 얹는다.
5. 4 위에 초코 시럽으로 장식한다.

카페 아이리쉬
Caff'e Irish

Ingredient & Dose

품명	단위	수량	비고
에스프레소	잔	1	
물	ml	30	따뜻한 물
브랜디	oz	0.5	또는 베일리스
휘핑크림	g		적당량

Recipe

1. 포터필터에 분쇄 커피를 담는다.
2. 그룹헤더에 포터필터를 장착한다.
3. 에스프레소 잔에 커피를 추출한다.
4. 칵테일 잔에 에스프레소, 아이리쉬 위스키, 따뜻한 물을 붓는다.
5. 4에 휘핑크림으로 장식한다.

★ 아이리쉬 커피는 아이리쉬 위스키를 베이스로 제조된 커피이며, 베이스 재료에 따라 커피의 명칭이 변경된다. 칼루아를 베이스로 제조된 커피는 칼루아 커피, 브랜디를 베이스로 한 커피는 로열 커피이다.

아이스 카페 카푸치노
Iced Caff'e Cappuccino

Ingredient & Dose

품명	단위	수량	비고
에스프레소	잔	1	또는 도피오
얼음	컵	1	
우유	ml	80	차가운 우유
우유거품	g		약간

Recipe

1. 잔에 얼음을 가득 채운다.
2. 포터필터에 분쇄 커피를 담는다.
3. 그룹헤더에 포터필터를 장착한다.
4. 에스프레소 잔에 커피를 추출한다.
5. 얼음이 든 잔에 에스프레소를 붓는다.
6. 5에 차가운 우유 80ml 붓는다.
7. 6에 우유거품을 채운다.

그라니타 디 카페 Granita di Caff'e

Ingredient & Dose

품명	단위	수량	비고
에스프레소	잔	1	또는 도피오
얼음	컵	1	분쇄한 얼음
휘핑크림	g		적당량

Recipe

1. 잔에 얼음을 가득 채운다.
2. 포터필터에 분쇄 커피를 담는다.
3. 그룹헤더에 포터필터를 장착한다.
4. 에스프레소 잔에 커피를 추출한다.
5. 잔에 커피를 붓는다.
6. 5에 휘핑크림을 얹는다.

카페 아포가토
Caff'e Affogatto

Ingredient & Dose

품명	단위	수량	비고
에스프레소	잔	1	또는 도피오
바닐라 아이스크림	scoop	2	

Recipe

1. 포터필터에 분쇄 커피를 담는다.
2. 그룹헤더에 포터필터를 장착한다.
3. 에스프레소 잔에 커피를 추출한다.
4. 잔에 아이스크림을 담는다.
5. 4에 에스프레소를 붓는다.

에스프레소 솔로 Espresso Solo

Ingredient & Dose

품명	단위	수량	비고
커피	g	7~10	분쇄 커피

Recipe

1. 포터필터에 분쇄 커피를 담는다.
2. 그룹헤더에 포터필터를 장착한다.
3. 데미타세(demitasse) 잔을 포터 필터 밑에 두고 추출버턴을 눌러 추출한다.

리스트레토 Ristretto

Ingredient & Dose

품명	단위	수량	비고
커피	g	6~10	분쇄 커피
물	ml	15~20	따뜻한 물
설탕	g		적당량

Recipe

1. 분쇄한 커피를 넣고 에스프레소와 같은 방법으로 추출한다.
2. 설탕은 커피와 함께 제공한다.

룽고 Lungo

Ingredient & Dose

품명	단위	수량	비고
커피	g	6~10	분쇄 커피
물	ml	40~50	따뜻한 물
설탕	g		적당량

Recipe

1. 분쇄한 커피를 넣고 에스프레소와 같은 방법으로 추출한다.
2. 설탕은 커피와 함께 제공한다.

도피오 Doppio

Ingredient & Dose

품명	단위	수량	비고
커피	g	13~20	분쇄 커피
물	ml	40~60	따뜻한 물
설탕	g		적당량

Recipe

1. 분쇄한 커피를 넣고 에스프레소와 같은 방법으로 추출한다.
2. 설탕은 커피와 함께 제공한다.

카페 아메리카노 *Caff' e Americano*

Ingredient & Dose

품명	단위	수량	비고
에스프레소	ml	30	
물	ml	250	따뜻한 물

Recipe

1. 에스프레소 솔로에 뜨거운 물을 썩는다.
2. 물의 온도는 90℃ 이하가 바람직하다.

카페 마끼아또 Caff'e Macchiato

Ingredient & Dose

품명	단위	수량	비고
에스프레소	ml	30	
우유	ml	100	거품우유

Recipe

1. 포터필터에 분쇄 커피를 담는다.
2. 그룹헤더에 포터필터를 장착한다.
3. 에스프레소 커피를 추출한다.
4. 우유를 스티밍하여 에스프레소에 가만히 부은 후 표면에 흰 거품이 살짝 보이도록 한다.

녹차 라떼
Green Tea Latte choco

Ingredient & Dose

품명	단위	수량	비고
말차가루	ml	20	
우유	ml	40	말차가루 데우기용
우유	ml	80	휘핑우유

Recipe

1. 피처에 말차가루와 우유를 부은 후 섞어 준다.
2. 1의 온도를 높이기 위해 스티밍 한다.
3. 2를 카푸치노 잔에 붓는다.
3. 녹차 가루를 뿌린 후 스티밍 한 우유를 붓는다.

핫 초코 Hot Choco

Ingredient & Dose

품명	단위	수량	비고
초코 소스	ml	20	
초코 가루		약간	
우유	ml	40	초코소스 데우기용
우유	ml	80	휘핑우유

Recipe

1. 피처에 초코소스와 우유를 부은 후 데우기 위해서 스티밍한다.
2. 1을 카푸치노 잔에 붓는다.
3. 초코 가루를 뿌린 후 스티밍 한 우유를 붓는다.

에스프레소 콘파나
Espresso Con Panna

Ingredient & Dose

품명	단위	수량	비고
에스프레소	ml	30	
휘핑크림	ml	10	

Recipe

1. 포터필터에 분쇄 커피를 담는다.
2. 그룹헤더에 포터필터를 장착한다.
3. 데미타세 잔을 포터필터 밑에 두고 추출 버튼을 눌러 추출한다.
4. 에스프레소에 휘핑 크림을 얹는다.

카페 모카 Caff'e Mocha

Ingredient & Dose

품명	단위	수량	비고
에스프레소	ml	30	
우유	ml	100	휘핑우유
초코가루	g	20	
초코시럽	ml	10	

Recipe

1. 포터필터에 분쇄 커피를 담는다.
2. 그룹헤더에 포터필터를 장착한다.
3. 에스프레소를 추출한다.
4. 유리잔에 초코가루 넣은 후 에스프레소를 부어 준다.
5. 스팀한 우유를 부은 후 휘핑 크림을 올려준다.
6. 초코 시럽으로 장식한다.

초코 마끼아토
Choco Macchiato

Ingredient & Dose

품명	단위	수량	비고
에스프레소	ml	50	
우유	ml	180	거품우유
초코시럽	ml	20	

Recipe

1. 포터필터에 분쇄 커피를 담는다.
2. 그룹헤더에 포터필터를 장착한다.
3. 에스프레소를 추출 후 부어 준다.
4. 스팀한 우유를 붓는다.
5. 토핑용 초코 소스로 거품 위에 모양을 낸다.

카라멜 마끼아또 Caramel Macchiato

Ingredient & Dose

품명	단위	수량	비고
에스프레소	ml	50	
우유	ml	180	거품우유
카라멜 소스	ml	20	

Recipe

1. 포터필터에 분쇄 커피를 담는다.
2. 그룹헤더에 포터필터를 장착한다.
3. 에스프레소를 추출 후 부어 준다.
4. 스팀한 우유를 붓는다.
5. 토핑용 카라멜 소스로 거품 위에 모양을 낸다.

카페 비엔나 Caffe Vienna

Ingredient & Dose

품명	단위	수량	비고
에스프레소	ml	1	
우유	ml	100	따뜻한 우유
물	ml	100	따뜻한 물
설탕	ml	5	
휘핑크림	ml	50	
원두나 초콜릿	ml	10	

Recipe

1. 뜨거운 물 100ml를 넣고 에스프레소를 추출해 설탕을 넣고 저어준다.
2. 휘핑 크림을 올린다.
3. 원두나 초콜릿으로 장식한다.

아이스 카페 아메리카노
Iced Caff'e Americano

Ingredient & Dose

품명	단위	수량	비고
에스프레소	ml	60	
물	ml	150	
얼음	조각	10	
설탕 시럽	ml	20	

Recipe

1. 에스프레소를 더블로 추출한다.
2. 투명 아이스 잔에 얼음을 가득 채운다.
3. 정수된 물을 넣은 다음 추출한 에스프레소를 넣는다.
4. 설탕 시럽을 따로 담아낸다.

아이스 카페 라떼
Iced Caff'e Latte

Ingredient & Dose

품명	단위	수량	비고
에스프레소	ml	60	
우유	ml	150	냉장 우유
얼음	조각	10	
설탕 시럽	ml	20	

Recipe

1. 에스프레소 더블을 추출한다.
2. 투명 아이스잔에 얼음을 가득 채운다.
3. 냉장 우유를 잔의 70%까지 채운 다음 에스프레소를 넣는다.
4. 설탕 시럽을 따로 담아낸다.

아이스 카푸치노 Iced Cappuccino

Ingredient & Dose

품명	단위	수량	비고
에스프레소	ml	60	
우유	ml	120	냉장 우유
우유	ml	10	거품
초콜릿 가루 & 시나몬 가루	g	5	
얼음	조각	10	
설탕 시럽	ml	20	

Recipe

1. 에스프레소를 더블로 추출한다.
2. 투명 아이스잔에 얼음을 가득 채운다.
3. 냉장 우유를 넣고 추출한 에스프레소를 넣는다.
4. 우유 거품을 만들어 스푼으로 거품만 살짝 떠서 봉긋하게 올린다.
5. 초콜릿가루나 시나몬 가루로 장식한다.
6. 설탕 시럽을 따로 담아낸다.

아이스 카페 모카
Iced Caff'e Mocha

Ingredient & Dose

품명	단위	수량	비고
에스프레소	ml	60	
우유	ml	150	냉장 우유
휘핑 크림	ml	50	
초콜릿 소스	ml	10	
초콜릿 시럽	ml	10	
얼음	조각	10	

Recipe

1. 에스프레소를 더블로 추출한다.
2. 초콜릿 소스를 투명 아이스 잔에 넣고 얼음을 가득 채운다.
3. 냉장 우유를 넣고 추출한 에스프레소를 넣는다.
4. 휘핑크림을 부드럽게 올리고 초콜릿 시럽으로 장식한다.

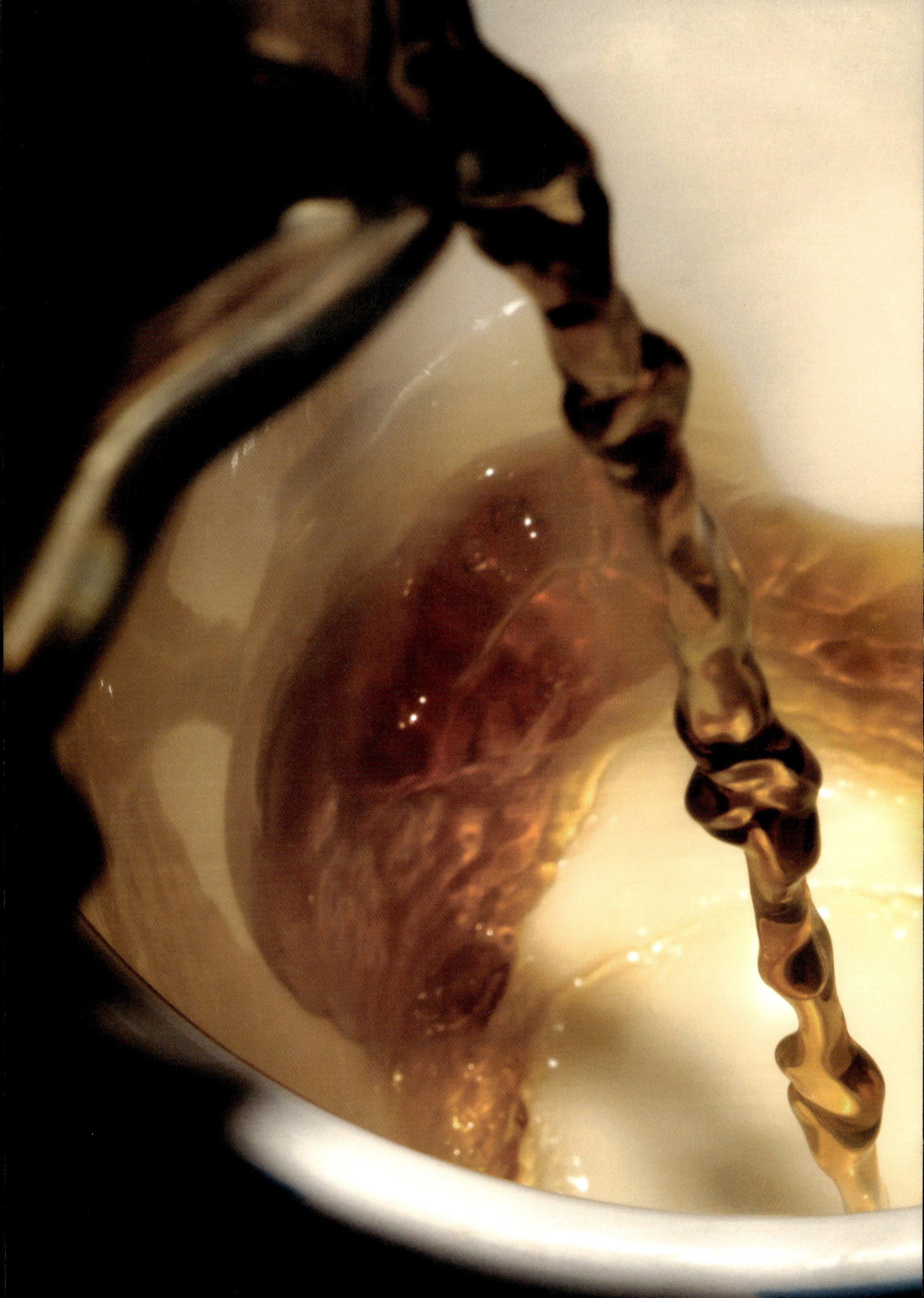

Chapter 11

커피 향미

section 1 커피의 기본

커피를 마실 때 느껴지는 독특하고도 신기한 향미들을 파악하는데 있어 어려움이 많다. 커피 향기는 700개 이상의 유기 및 무기 성분으로 구성되어 있어 어느 하나도 주도적 성분으로 되어있지 않다. 사실, 커피는 많은 화합물들을 분리하고 농축하여 보면 매우 나쁜 향미들도 포함되어 있다. 커피 향미 성분의 많은 천연 화합물들은 상온에서 불안정하여 증발되어 버리거나 다른 구성분과 재결합하여 새로운 향미 물질을 만들어 낼 수도 있기 때문이다. 커피 향미를 인식 할 때 사람의 혀가 복합적 감각에 의해 반응하고 인지하기 때문에 더욱 복잡해진다. 인간은 보통 커피 향미를 인식 할 때 향기와 맛을 동시에 느낀다. 수백 만개의 향기를 인식하는 세포와 수천 개의 맛을 인식하는 세포들은 동시에 이런 자극들을 받아들이고, 수백 개의 신경 섬유를 통하여 뇌에 전달하여 인지한다. 맛을 인식하는 일반적 과정은 알려져 있으나, 향기를 대뇌에서 인식하는 메커니즘은 아직도 과학계에서는 의견이 분분한 논쟁이다. 이렇기 때문에 커피의 향미는 좋은 성분이나 불쾌한 성분의 성질이 충분히 이해되고 있지 않은 실정이다.

section 2 커피의 향미

커피 향미 물질의 자연적 화합물의 분석

커피 향미에 관련하여 모든 화합물들은 자연에 영향을 받는다. 이 화합물들은 커피 나무가 광합성 작용을 하여 물과 탄산가스로부터 당을 만들면서 생성된다. 토양에서 얻은 무기질 성분들의 도움으로 당분의 생장을 위하여 사용하거나 싹을 생성하기 위하여 씨를 저장한다. 인간은 이러한 자연의 과정을 중단시켜, 커피 열매를 수확하고 가공하고 로스팅하고 그라인딩하여 물로 이 화합물질을 추출한다. 이런 과정들을 거친 커피는 자연에 있는 무기, 유기 물질의 복합체로부터 향기, 맛, 질감, 색깔을 만들어낸다.

커피 향미는 향기와 맛이 코피의 후각세포와 입안의 미각세포에서 동시에 느껴지는 감각이다. 커피 향기는 볶은 커피의 기체 상태의 천연적 화학성분으로써,

볶은 커피를 분쇄하면 기체로 날아가게 되며, 분쇄한 커피를 추출한 후에는 증기 상태로 소실된다. 커피의 맛은 볶은 커피를 추출할 때 물에 녹은 무기 및 유기 성분에 의해 구성된다. 커피를 마시면 코의 점막에 있는 후각 세포들을 통하여 향기를 느낀다. 이렇게 냄새를 느끼는 인식과정을 '후각체계'라고 하며, 인간은 수천 가지의 기체를 동시에 인식 할 수 있다. 코의 점막 조직은 냄새의 종류뿐만이 아니라 강도까지도 판별하는 기능을 가지고 있다. 커피를 마실 때 혀에 있는 미각세포는 맛의 자극을 느낀다. 맛을 느끼는 과정을 '미각체계'라고 하는데, 인간이 느낄 수 있는 네 가지의 기본 맛(단맛, 짠맛, 신맛, 쓴맛)을 동시에 느낀다. 네 가지의 기본 맛은 서로 강약을 조절하는 조정과정을 거치면서 더욱 많은 맛을 느끼게 한다. 커피를 마실 때 증발하거나 녹지 않는 성분이 남아서 바디감을 느끼게 해준다. 이 바디감은 물과 비교하여 느껴지는 입안의 촉감을 말한다.

커피 향미의 관능 평가

후각

향미를 느끼는 감각인 후각은 커피콩이 자연적으로 생성되었거나 커피콩을 볶을 때 생성되는 휘발성 유기 화합물을 관능적으로 느끼고 평가한다. 액체에서 기체가 되는 온도에 따라 결정되는 상대적 휘발성의 차이에 따라, 커피 향기는 네 가지로 다시 분류한다. 첫째로 볶은 커피 향기를 맡아볼 수 있는데 일반적으로 방향(fragrance)이라고 하며, 상온이나 상온보다 약간 높은 온도에서 기체 상태의 방향 물질로 변화된다. 두째로는 추출한 커피의 향기를 맡는데 향기(aroma)라고 하며, 커피 추출 액의 표면에서 생긴 증기에 의하여 느낄 수가 있다. 셋째로 커피를 마시면서 느껴지는 향기인데 커피를 입으로 마실 때 커피 추출액의 일부는 증기로 변하여 코의 후각 신경에 전달되는 과정을 말한다. 마지막으로 입안에 남는 여운의 향기(aftertaste)는 커피를 마신 다음에 혀에 남아 있는 커피의 잔류성분으로부터 생긴 증기를 느끼는 향기이다. 커피 향미는 많은 것에 영향을 받지만 그 콩의 품종과 가공방식, 그리고 커피 산지의 자연환경에 영향을 받아 향미를 구성하게 된다. 그러므로 후각체계는 커피 품종을 구분하는 기본적인 관능수단이라고 말할 수 있다.

미각

맛을 느끼는 감각인 미각은 커피의 추출 과정에서 분쇄 커피로부터 용해되어 나온 가용성 고형분을 관능적으로 인식하고 평가하는 감각체계이다. 이 가용성 고형분은 무기 및 유기 화합물들로 구성되어 있다. 커피의 유기 성분은 표현하자면 대부분의 과일, 야채, 견과류에 있는 여러 가지 당, 지방, 산 등으로 구성되어 있는데 약한 단맛과 신맛을 나타낸다. 커피 성분 중 카페인, 알칼로이드 형태의 유기 화합물과 클로로제닌산, 에스텔 형태의 유기화합물들이 쓴맛을 나타낸다. 무기질은 주로 무기염 형태로 커피 성분에서 발견되는데 농도에 따라 짭짤한 맛, 떫은 맛, 금속 맛으로 나타난다. 커피를 마실 때 기본적으로 느껴지는 세 가지 맛은 단맛, 신맛, 짠맛이다. 쓴맛은 다른 세 가지의 맛의 강도를 변화시키는 역할을 한다. 단, 강하게 로스팅한 커피에서는 쓴맛이 뚜렷하게 나타난다. 맛의 조화는 다른 맛들의 상대적 강도에 따라 변하는 기본 맛들의 인지 과정이다. 예를들면 도수가 높은 보드카를 먹고 난 뒤 소금을 먹으면 단맛이 증가한 것처럼 느껴진다. 커피의 관능적 평가과정에서는 세 가지의 기본 맛이 상호작용하여 6가지의 커피 맛을 만들어낸다.

촉각

입안의 촉감, 바디감에 관한 관능적 평가이다. 촉감을 느끼는 곳은 혀와 입안에 있는 말초신경조직이다. 커피를 관능적으로 인식할 때 이러한 말초 신경은 커피의 점도와 기름진 느낌을 느끼는데 바디감이라고 표현한다. 커피의 점도는 물과 비교하여 커피 속에 있는 고형분의 양과 비례하는데, 이 고형분들은 추출 시 걸러지지 않은 미세한 섬유소들로 구성되어 있다. 기름진 느낌은 커피에 들어있는 지방성분의 함량에 의해 결정된다. 커피의 지방성분은 생두에는 고체형태로 들어 있다가 볶으면 액체 형태로 변하게 되고 추출 시 물과 혼합하지 않고 미세한 입자로 커피에 섞여있다.

커피 향미 성분

효소의 작용에 의하여 생성되는 향기 성분

에스텔과 알데하이드 화합물로 가장 휘발성이 강하며, 갓 볶은 커피에서 자주 느낄 수 있는 향기이다.

꽃향기

- 달콤한 꽃 향기(자스민, 라벤더, 커피블라썸)
- 달콤한 허브 향기(차, 로즈마리 등)

방향

- 달콤한 향신료 향기(카다몬, 계피)
- 카보니 향기(스피어민트, 딜, 카레웨이)
- 아니스 향기(아니스, 회향, 바질)

과일 향기

- 감귤 향기(오렌지, 레몬, 탄저린)
- 베리 향기 : 달콤한 베리 향(체리, 살구, 딸기, 라즈베리, 블루베리)

야채 향기

- 파 향기(양파, 가는파, 마늘)
- 두류 향기(완두, 시금치, 양배추, 파슬리, 오이)

당의 갈변 반응에 의하여 생성되는 향기 성분

커피의 로스팅 과정에서 당의 갈변 반응에 의하여 생성되는 고소한 향, 카라멜 향, 초콜릿 향 등의 향기가 생성된다. 이 그룹의 방향물질은 알데하이드, 케톤, 당 카보닐 화합물, 파라진 화합물 등으로 구성되어 있으며, 맛 특성과 함께 커피콩의 독특한 향미를 나타내기 때문에 커피 품종을 구분하는 기본 수단이 된다. 이러한 방향 물질성분은 커피 로스팅 과정에서 당의 갈변 반응에 의하여 생산된다. 로스팅 과정의 초기에는 알데하이드, 케톤 등이 생성되어 약배전으로 볶은 커피는 고소한 향기(Nutty)한 향이 나타나며, 중배전에서는 당 분자들이 갈변 반응에 의해 이종 화합물, 황 화합물, 알코올 화합물을 생성하여 카라멜 향기가 특징적으로 나타낸다. 로스팅 과정이 더욱 진행되어 강배전에 이르면 카라멜 화합물이 감소되고 파라진 화합물이 생성하면서 초콜릿 향기를 나타낸다. 로스팅 과정이 진행됨에 따라 당이 타므로, 매우 강한 강배전 단계에서는 향기 화합물이 급속히 없어진다.

- 고소한 향기

  약배전에서 잘 나타난다.(볶은 견과류 향기 : 아몬드, 땅콩 호두)

- 카라멜향기

  중배전에서 잘 나타난다.(캔디향기 : 토피, 헤즐넛, 감초)

- 초콜릿 향기

  강배전에서 잘 나타난다.(초콜릿 · 바닐라 향기 : 다크초콜릿, 버터, 커스타드)

건열반응에 의하여 생성되는 향기 성분

건열반응에 속하는 향기 성분은 이종 화합물, 질소 화합물, 탄화수소 화합물로 이루어지며, 가장 늦게 증발하고 커피의 뒷맛에서 주로 느낀다. 송진 향, 향신료 향, 탄 내 등이 그렇다.

- 레진냄새

  송진, 텔핀, 발잠, 치커리

- 메디슨 냄새

  로즈마리, 박하, 아킬레아

- 향신료 향기

  넉맥, 샐러리 씨, 삼나무, 후추, 고추, 생강

- 쓰는 향기

  클로브, 피망, 다임, 쓴 아몬드, 복숭아 씨

◎ 탄내

크레졸, 타르, 기름, 파이프 냄새, 니코틴

◎ 재 냄새

끄름, 탄내, 재

커피 향기의 구성

커피의 전체적 향기를 'Bouquet'라고 하며, 이 전체적인 향기는 세부적으로 네 그룹으로 구성되어 있다.

◎ 볶은 커피 향기(Dry aroma/ Fragrance)

갓 볶은 커피에서 휘발성이 강한 향기

◎ 추출 커피 향기(WET aroma)

커피에 뜨거운 물을 부었을 때 나는 휘발성 향기(가스 상태)

◎ 마시면서 느끼는 향기(Cup aroma/nose)

커피를 마실 때 증발되어 나는 향기

◎ 입안에 남는 향기(Aftertaste)

커피를 마신 후, 입안에서 느끼는 향기(증기 상태)

커피 향기에 관한 관능용어

◎ Aftertaste(커피를 마신 후 입안에 남는 여운)

커피를 마시거나 뱉은 후 입안에 남는 여운적 향기이다. 증기 상태로 분자량이 무거워 휘발성이 약하다. 초콜릿 향, 향신료 향, 탄 내, 송진 내 등이 많다.

◎ Aroma(커피 향기)

일반적으로 'wet aroma'를 의미한다. 추출한 액상 커피에서 나오는 가스(기체)가 코 안의 후각 세포에 접촉되어 느끼는 향기로, 분자량이 가볍고 휘발성이 강하다. 과일 향, 허브 향, 견과(너트) 향 등이 많다.

Bouquet(총체적 향기)

커피를 전체 향기로, 코의 후각 점막에서 가스와 증기 상태로 느낀다. 커피의 휘발성 유기 화합물은 분자의 크기에 따라 휘발성이 달라지며, 휘발성이 큰 순서로 볶은 커피 향기와 추출 커피 향기, 마시면서 느끼는 향기, 입안에 남는 향기의 네 가지 향기로 구성된다.

Caramelly(카라멜 향)

추출 커피의 무거운 향기 중 하나로, 커피를 마실 때 생긴 증기 성분 중에서 휘발성이 약한 당 카보닐 화합물에 의하여 생성된다. 캔디나 시럽류를 연상시키는 향이다.

Carbony(탄 냄새)

추출 커피의 무거운 향기 중의 하나로, 커피를 마실 때 생긴 증기 성분 중에서 휘발성이 약한 이종 화합물에 의하여 생성된다.

Chocolaty(초콜릿 향)

커피를 마신 다음 입안에서 느껴지는 후미 중의 하나이다. 추출한 커피를 마실 때 생긴 증기 중에서 휘발성 피라진 화합물에 의하여 생성되며 가당하지 않은 초콜릿과 바닐라를 연상시킨다.

Complexity(복합성)

많은 향기 중에 있는 가스와 증기가 서로 상호 연관적으로 나타나 이것을 표현하는 것으로, 후각 점막 세포에서 감지될 때 상반되고 복합적인 느낌의 향기를 표현한다.

Flat(무난한/향기가 약한)

커피가 전체적으로 기본적인 향 만 난다는 표현으로, 볶은 커피나 추출 커피의 향기가 매우 낮은 상태를 의미한다.

Fragrance(마른 향기, 볶은 커피 향기)

Dry aroma라고도 하며 갓 볶은 커피에서 생긴 가스(기체)를 맡으면 느껴지는 향기로 분자량이 매우 작고 휘발성이 강하다. 달콤한 꽃 향기에서 향신료 향기까지 다양하다.

Fruity(과일 향기)

추출한 커피에서 느껴지는 향기로, 뜨겁게 추출할 때 생긴 가스 중 휘발성이 강한 알데하이드와 에스텔 화합물에 의하여 생성된다. 밀감류나 당밀, 베리류 같은 향기를 많이 나타낸다.

Full(풍부한)

커피의 전체적 향기를 정량적으로 표현하는 용어로, 가스와 증기 상태의 네 가지 향기가 적당한 강도로 균형되어 있는 것을 표현한다.

Herby(허브 향)

추출 커피에서 느껴지는 향 중의 하나로, 커피를 추출할 때 뜨거운 열에 의하여 기화된 휘발성이 강한 알데하이드와 에스텔에 의하여 생성된다. 향기로운 야채 향기와 그린피스와 같은 두류 향기가 많다.

Intenssity(향기의 강도)

커피의 전체적 향기 중에 포함되어 있는 가스와 증기 상태의 향기가 자극성과 상대적 강도의 정량적 척도를 나타낸다.

Malty(맥아 향)

커피를 마실 때 느끼는 향기 성분 중에 하나로, 추출 커피를 마실 때 생긴 증기 중에 있는 휘발성 알데하이드와 케톤 화합물로 생성되며, 볶은 곡류향과 맥주를 만들 때 만드는 향이 난다.

Nutty(고소한 향)

커피를 마실 때 느끼는 향기 성분 중에 하나로, 커피를 마실 때 생긴 증기 중에 있는 알데하이드와 케톤 화합물이며, 견과류의 향기를 연상시킨다.

Rich(향기 짙은)

커피의 전체적 향기를 정량적으로 표현한 용어이다. 볶은 커피의 향기, 추출 커피 향기, 마시면서 느껴지는 향기, 입안에 남은 여운의 향기 등의 강도가 완전하게 구성되어 있는 것을 말한다.

Rounded(부드러운)

네 가지의 향기가 중간 정도로 느끼는 표현으로, 기체와 증기 상태의 향기가 약간 약한 것을 말한다.

Spicy(향신료 향기)

커피를 마신 후 입안에서 천천히 느껴지는 여운적인 향기로, 커피를 마실 때 생긴 증기 중 계피나 클로브 향기를 연상시킨다.

Sweetly(달콤한)

분쇄된 커피에서 느껴지는 향기로, 휘발성이 강한 알데하이드와 에스텔 화합물에 의해 생성된다. 카다몬과 같은 향신료를 연상시키기도 한다.

Turpeny(송진)

커피를 마신 후 입안에서 느껴지는 여운적 향기로, 커피를 마시면서 생긴 증기 중에 있는 휘발성이 낮은 탄화수소와 질소 화합물에 의하여 생성된다. 송진 같은 수지 냄새와 소독내를 연상시킨다.

section 3 커핑(Cupping)

커핑이란 로스팅 공정을 시작하기 전에 생두에 대한 평가를 내리는 테스트를 의미한다. 생두의 특성과 가능성을 감별하기 위한 평가방법으로써 생두의 장단점을 폭 넓게 느끼기 위한 방법이다. 여러가지 방법이 있지만 국제 커핑에서는 SCA기준을 유력하게 사용하고 있다. 커피의 맛과 향을 평가하고 에스프레소, 핸드드립, 블랜딩 혼합, 신메뉴 개발 등에 이용가능성을 볼 수 있다.

커핑 환경

커핑을 시작하기 앞서 커핑하기 좋은 환경을 만들어 주어야한다. SCA기준으로는 좋은 채광, 조용함, 테이블, 적정온도가 필요하다. 또한 골든컵 규정(물 1ml 당 0.055g)에 따라 취적을 추출율로 커핑을 준비한다. 샘플 로스팅은 로스팅 시간만을 준수하여 8~12분 사이에 마쳐야한다. 에그트론 숫자를 기준으로 하며 홀빈(원두) 58, 그라인딩 원두 63으로 미디움이나 미디움라이트 로스팅을 기준으로 한다. 에그트론 타일의 기준은 55가 적당한 기준이다. 커핑 샘플 로스팅이 잘 되어 있는지 보려면 먼저 원두가 탓거나 원두의 끝이 탄 흔적이 있으면 안 된다. 샘플 로스팅을 마치고 20도 이상의 상온에서 보관하고 8~24시간 이내에 커핑을 하여야한다. 적절한 분쇄장비를 갖추고 분쇄도는 US매쉬 시브 사이즈 20에 70~80%를 통과하면 된다. 최소 3컵 이상 5컵 이하로 커핑볼을 준비하여 커핑을 시작하여야 하고 분쇄 후 15분 이내에 물을 부어 커핑을 시작해야한다.(단, 유리커버로 입구를 막은 경우 30분 까지 허용가능하다.)

Top Flavour
Top Taste
Top Quality

커핑 방법

커피 향을 측정

Dry Aroma/Fragrance를 먼저 측정한다. 커피가 로스팅 된 후 커피 자체의 향을 분석하는 단계이다. 물을 붓기 전에 커피 상태를 확인하는 것을 뜻하며, 휘발성 증기 향기를 맡는다.

젖은 커피 향을 측정

Wet Aroma를 측정한다. 물을 커핑 볼에 부은 후 0~4분 동안 측정한다. 전 단계에 느끼지 못했던 향을 마저 느낀다.

브레이킹

뜨거운 물을 커피에 붓게 되면 크러스트(Crust : 물과 커피가 만나 커피의 조직이 부풀어 오르면서 커피 사이의 기용 성분이 나오는 것)층이 생기는데 이것을 커핑용 숟가락으로 걷어낸다. 이 때 한 번 더 향기를 맡는다.(4~6분 사이)

스키밍

브레이킹을 하고 남은 잔존 부유물들을 제거한다.(6~8분 사이)

슬러핑(1차 커핑)

10분 후부터 본격적인 커핑을 시작한다. 스푼으로 커피를 떠서 코로는 향을 맡고 동시에 입안으로 뿌려 주듯 커피를 마신다.

마신 다음 삼킬 수도 있지만 '스피튠'이라는 뱉는 컵에 커피를 음미하고 뱉으며 다음 커핑을 진행한다.

2차 커핑(15분 경과 후)

커피의 바디감과 여운, 밸런스 등을 측정한다.

정보 교류

커핑 폼을 작성한 뒤 여러 사람들과 정보를 교환하여 커피의 향미를 교류하는 단계이다. 커핑은 사람마다 느끼는 정도가 다르지만 정보 공유를 통해 커피 생두의 특징적 맛을 찾아낸다.

230

SCA 커핑 휠 (출처 : SCA 협회)

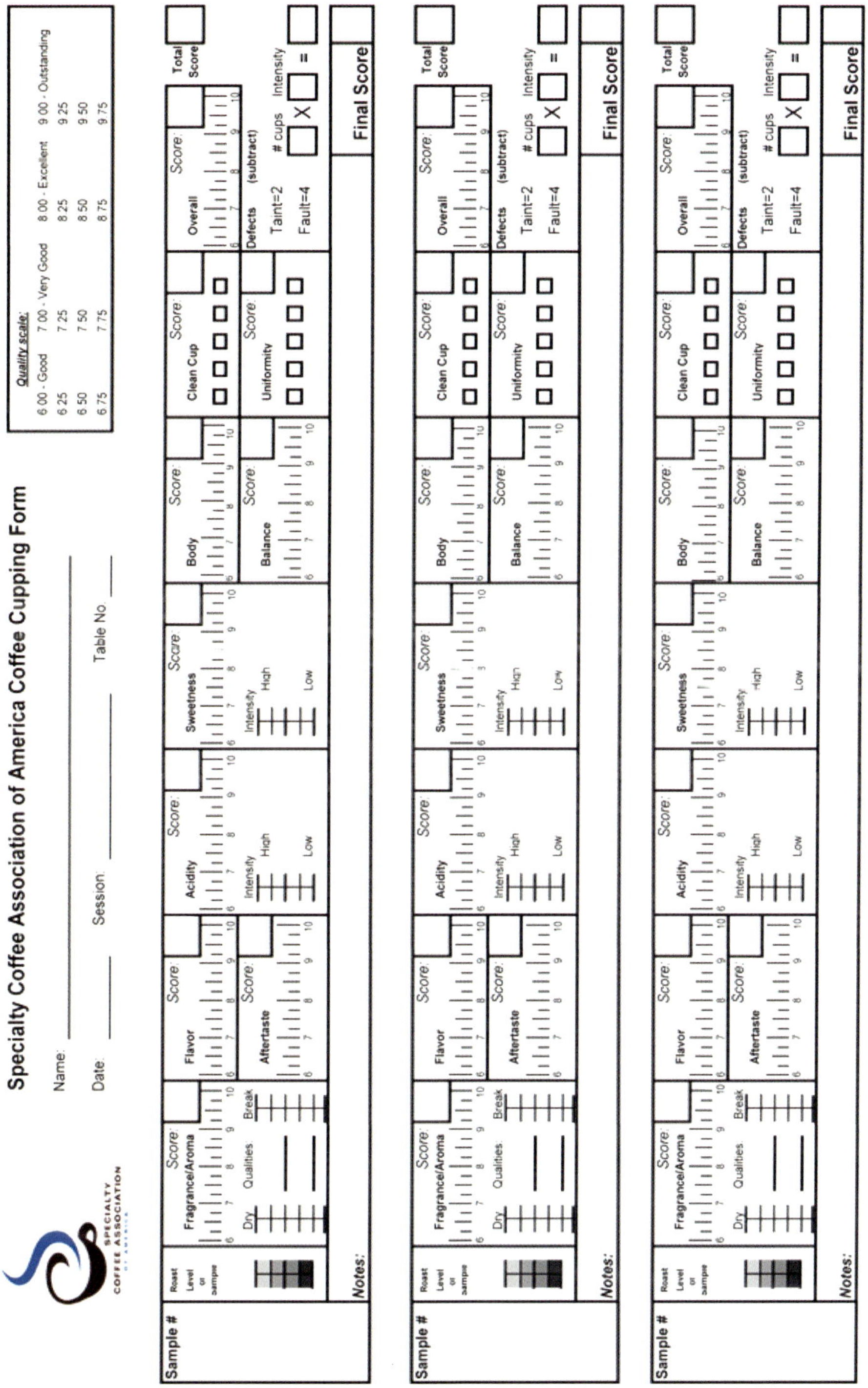

Specialty Coffee Association of America Coffee Cupping Form

Name: ______
Date: ______ Session: ______ Table No. ______

Quality scale:

6.00 - Good	7.00 - Very Good	8.00 - Excellent	9.00 - Outstanding
6.25	7.25	8.25	9.25
6.50	7.50	8.50	9.50
6.75	7.75	8.75	9.75

Sample # | Roast Level of sample | Fragrance/Aroma Score: (Dry, Qualities, Break) | Flavor Score: | Aftertaste Score: | Acidity Score: (Intensity High / Low) | Sweetness Score: (Intensity High / Low) | Body Score: | Balance Score: | Clean Cup Score: | Uniformity Score: | Overall Score: | Defects (subtract) Taint=2 Fault=4 # cups X Intensity = | Total Score | Final Score | Notes:

커핑 폼 (출처 : SCA 협회)

Chapter 12 바리스타(BARISTA)

section 1 바리스타의 정의

바리스타(Barista)란 이태리어로 '바 안에 있는 사람'이라는 뜻이다.

칵테일을 만드는 바텐더와 구분되며 현재 전 세계적으로 쓰이는 일반적인 개념은 '커피를 만드는 전문가'라고 본다.

좋은 원두를 선택하는 것부터 에스프레소 머신을 완벽하게 활용할 줄 알아야 하며 고객 서비스까지 완벽하게 제공하는 직종이다.

이탈리아에서는 '바맨'이라는 것이 있는데 이것은 여러 명의 바리스타를 관리하는 직종을 말하기도 한다.

바리스타라는 직종은 오래 전부터 있었지만 이 직종이 한국에 알려진 것은 얼마 안 된다.

오늘날, 커피숍이 전국적으로 많아진 한국에서 커피전문가인 바리스타는 매우 중요하고 귀한 존재로 부각되고 있다.

그리고 늦게나마 바리스타의 육성을 통해 한국도 바리스타의 인재를 만들어 내기 시작했고 그만큼 바리스타가 새로운 인기직종으로 떠오르게 된 것이다.

커피에 대한 지식과 커피를 보는 안목, 테크닉, 손님에 대한 정성스런 서빙 등의 여러 가지를 갖추어야 진정한 바리스타가 될 수 있다.

section 2 바리스타의 역할

- 좋은 원두의 선택 및 적절한 보관
- 커피 머신의 완벽한 활용(그라인더 및 기계관리)
- 완벽한 에스프레소 추출기술
- 고객의 욕구 충족
- 고객을 만족시키는 서비스 마인드

section 3 바리스타의 원두 선택 시 주의 점

- 커피빈이 신선한지 확인한다. (로스팅을 한지 일주일 이내의 것이 좋다.)
- 선택한 커피빈 브랜드 또는 로스터가 일관성 있게 로스팅과 블렌딩을 하고 있는지를 살핀다.
- 빈의 모양이 눈으로 보아 일정한지 확인한다.
- 선택한 로스터나 판매자가 어떤 타입의 그린빈을 사용했는지, 디카페인 공법은 어떤 방식을 쓴 것을 판매하는지 등의 구체적인 질문에 성실한 답변을 해 주는가를 살핀다.
- Coffee bean은 2주일 정도가 지나면 아로마향은 사라지고 맛은 조금씩 사라진다. 커피빈을 사용할 때는 소량씩 사용하는 것이 좋다.

section 4 바리스타가 반드시 지켜야 할 사항

- 에스프레소 추출 후 크레마를 확인해야 한다.
- Filter Holder는 항상 뜨겁게 해서 사용해야 한다.
- 잔은 미리 데워서 따뜻하게 사용해야 한다.
- 커피는 항상 신선한 것을 사용하고 되도록 적절한 양만큼만 사용해야 한다.
- 정해진 시간과 양을 정확히 지켜야 한다. 추출 시간은 20초부터 3/초 이내에서 뽑는 것이 좋고 에스프레소의 추출기압은 7~10기압이며, 약 6.5~16g의 원두를 담아 약 90~96도 온도의 물로 추출한다.
- Packing을 하는 전문가적인 손길을 습득해야 한다.
- 정수된 좋은 물을 사용해야 커피 본연의 풍미를 최대한 살릴 수 있다.
- 사용한 기계는 매일 관리하고 청소해야 한다.

section 5 바리스타의 작업 도구

샷잔 A-1

Steaming Pitcher A-2

Jigger (계량기) A-3

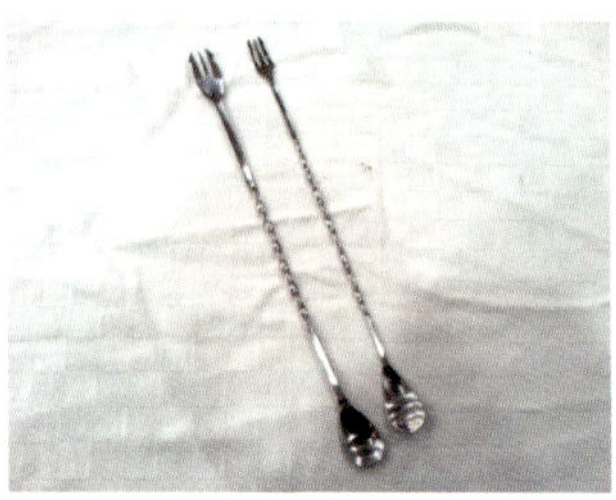

Bar Spoon A-4

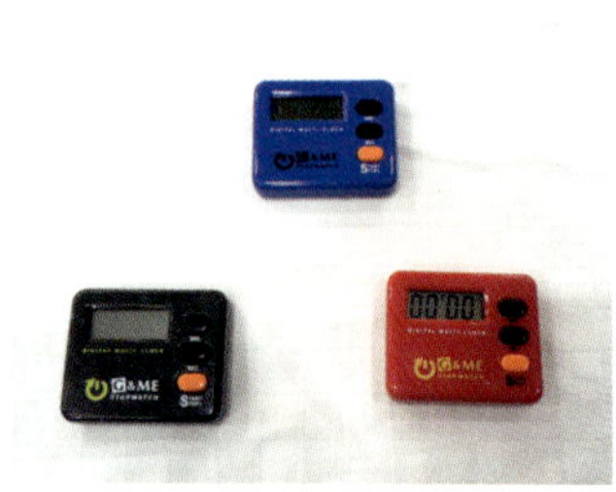

스톱 워치 A-5

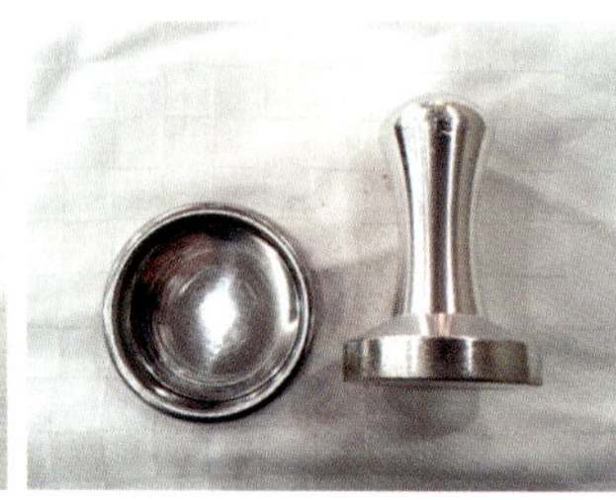

탬퍼 A-6

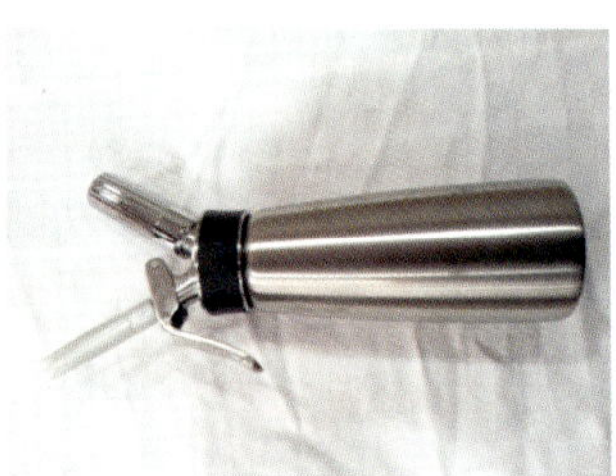

휘핑기 A-7

청소용 솔 A-8

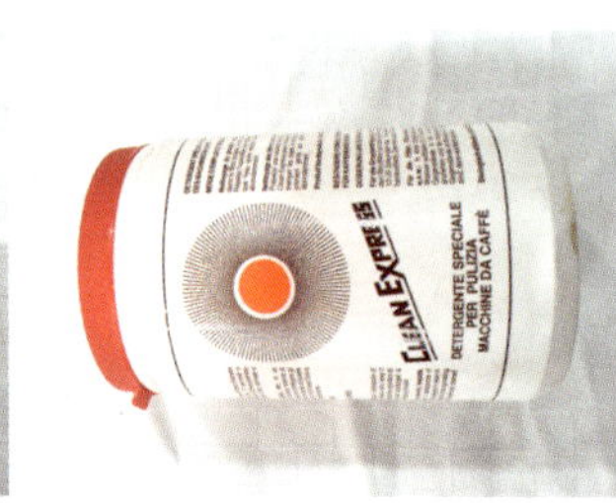

청소용 약 A-9

시럽 디스펜서 A-10

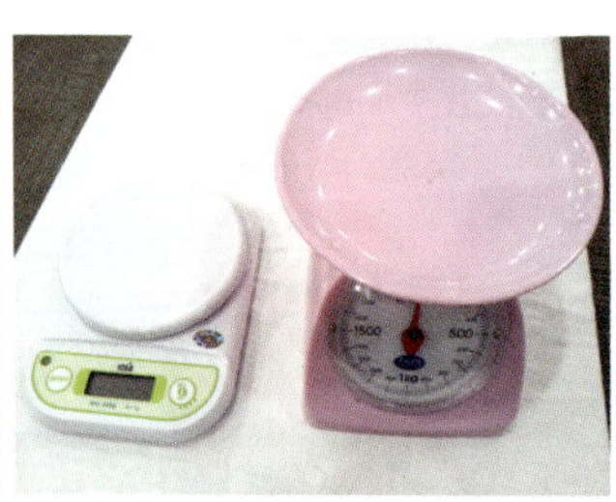

저울 A-11

부 록

결점두

생두 속에 혼합되어 있는 불완전하면서 품질이 떨어지는 커피콩을 말한다. 즉, 곰팡이가 생겼거나, 발효두이거나, 죽은 콩이거나, 흑두이거나, 아직 덜 익은 콩 등이 해당된다. 배전하기 전이나 후에 결점두를 손으로 골라내는 핸드픽 과정을 거쳐야 좋은 커피맛을 유지할 수 있다.

글라인더

배전두(焙煎豆)를 밀로 가는 것으로 절구로 으깨는 방식으로 커피콩을 가는 것을 말한다. 속도가 빠른 전동의 고속 밀은 별도로 '커트' 또는 '커팅'이라고 부른다.

녹병

커피 나뭇잎에 생기는 병으로 빨리 전염되는 특징이 있다. 영국의 경우에는 녹병 때문에 커피 대신 홍차로 재배 작물을 바꾸었을 정도로 무서운 병이다.

뉴크롭

그 해의 생두를 말하는데 새로운 커피콩으로 진한 초록빛이다.

커피의 구성 성분이 풍부하면서도 맛이나 향이 뛰어나다.

유럽과 아메리카 대륙에서는 '뉴크롭 온리'라고 해서 그 해의 생두만으로 추출한 커피를 최고급품으로 취급하고 있다.

더블배전

같은 원두를 두 번씩 배전하는 것을 말한다. 수분이 많은 뉴크롭을 쉽게 배전하기 위해 퍼스트 배전에서 일정하게 수분을 제거한 후 본격적으로 세컨드 배전을 실행한다. 이 경우 더블 배전을 실행하면 커피의 향이 빠져 나가서 커피맛이 약간 평범해진다는 단점이 있다.

더치커피

찬물로 추출한 커피로 카페인이 거의 없다. 옛날 네덜란드인이 고안했기 때문에, '더치(Dutch, 네덜란드의)커피'라고도 한다.

드립

커피를 추출하는 방법이나 기구로 종이로 추출하는 '페이퍼 드립'과 천을 이용한 '프란넬 천 드립'이 있다.

로부스타종

원산지가 아프리카의 콩고인 품종으로 카네보라종의 이종을 말한다.

아라비카종과 같은 계열로 많이 비교되지만 아라비카는 종(種)의 이름이므로 서로 비교할 수는 없다. 다만 로부스타종이 널리 보급되었기 때문에 현재로서는 편의상 '카네보라종 = 로부스타종'으로 간주하고 있다.

로부스타종은 아라비카종에 비해 품질은 떨어지지만 인스턴트 커피나 리퀴드처럼 가공되기 때문에 전체적인 커피 산업에서 매우 중요한 품종이다.

로스터

배전기 또는 배전자, 배전업자를 말한다.

리베리카종

3대 커피콩 중의 하나로 서아프리카는 라이베리아가 원산지이다. 열매는 아라비카나 로부스타보다 크고, 낮은 지역에서 생산되기 때문에 환경에 잘 적응하고 병충해에도 강하다. 그리고 강한 쓴맛이 특징으로 현재 라이베리아를 중심으로 수리남이나 가이아나 등에서 적은 양만 생산되는데, 주로 유럽에서 애용되고 있다.

리오냄새

일본이나 유럽, 아메리카에서는 싫어하는 냄새로 브라질의 리오데자네이로 주변에서 수확되는 요오드 냄새를 말한다. 토양에서 강한 요오드 냄새가 나기 때문에 수확할 때 열매를 흙 위에 두들겨서 떨어뜨릴 때 냄새가 묻는 것이다.

마라고 지페

브라질이 원산지인 아리비카종의 변종으로 바이아주의 '마라고지페' 지방에서 발견되었기 때문에 이름이 붙여졌다.

아라비카종 중에서 최대의 크기(스크린 20~22의 초대형)를 자랑하지만 맛이 없다. 그러나 모양이 멋있어서 중남미의 여러 나라에서 생산되고 있다.

마타리

'모카 마타리'를 말한다. 모양은 예쁘지 않지만 강도가 강하고 예멘산 모카 커피 중 최고급품으로 취급하고 있다.

만다린

이전에는 최고의 품질을 자랑하는 큰 입자의 커피콩이었지만 현재는 전제도가 낮아져서 명품으로서의 면모가 사라지고 있다.

메라타식 드립터

드립식 추출기의 하나로 구 서독의 메리타 부인이 창안했다. 드립퍼 바닥에 있는 구멍이 한 개인 것이 특징인데 이 구멍은 최신형의 경우는 바닥에 있지 않고 바닥에 가까운 측면에 달려 있다.

메리타식 드립퍼는 약하게 다려야 하는 커피가루 대신 '자멘로스트'라고 부르는 중간 다리기의 커피가루를 사용하는데, 이것은 구멍이 세 개인 카리타식과 비교된다.

메시

커피가루의 입자 크기를 균일하게 하기 위한 체 또는 눈 크기를 말한다. 또한 커피가루 입자의 성김 정도도 '메시'라고 부른다.

베리에이션 커피

에스프레소는 워낙 진하기 때문에 에스프레소보다는 에스프레소를 활용한 '베리에이션 커피(Variation Coffee, Arrange Coffee, 어레인지 커피)'를 훨씬 더 많이 마신다. 베리에이션 커피란, 에스프레소에 우유나 모카(초콜릿 시럽)를 첨가한 커피를 말하는데 커피 본래의 맛과 향을 내면서도 에스프레소보다는 훨씬 부드럽다.

벨데(벨지)

덜 익은 커피콩을 말하는데 구토를 일으킬 정도로 맛이 나쁘다. 생두를 좀더 익혀서 말리는 것은 벨데를 방지하기 위해서이다.

산토스

브라질의 상파울로에 있는 세계 최대의 커피 수출항을 말한다. 브라질 커피의 대명사로, '산토스' 또는 '산토스 커피'라고 하며, 브라질 커피를 말한다.

상해

서리 때문에 발생하는 커피의 피해를 말한다. 1975년 파라나주에서 발생한 대상해는 막대한 피해를 초래했다.

생두

커피체리를 상품으로 판매할 수 있게 정제 및 가공한 커피 종자를 말한다.

스크린

생두를 크기에 따라 분류할 때 사용하는 구멍이 뚫린 체를 말한다. 스크린 숫자가 클수록 커피콩의 크기도 커진다.

스팀밀크

스팀밀크란 차가운 우유에 에스프레소 기계의 압축된 스팀을 순식간에 주입시키는 방식을 이용한 우유인데 이 경우 우유 속에 잔잔한 거품이 생기면서 부피가 커진다. 이렇게 스팀으로 확장시킨 우유는 뜨거워지면서 커피와 섞였을 때 커피의 쓴맛을 감소시키기 때문에 커피를 부드럽게 마실 수 있다.

3대 커피콩 중의 하나로 에티오피아가 원산지인데 주로 높은 지역에서 재배된다. 이 밖에도 3대 커피콩에는 로부스타(정확하게는 카네보라종)와 리베리카종이 포함되는데 이 중에서 아라비카종의 품질이 가장 뛰어나다.

올드크롭

수확한 후 2년 이상 지났기 때문에 수분 함유향이 적은 생두를 말합니다. 이에 비해 그 해에 재배란 생두는 '뉴크롭', 작년에 재배한 생두는 '바스트 크롭'이라고 합니다.

아라비카

3대 커피콩 중의 하나로 에티오피아가 원산지인데 주로 높은 지역에서 재배된다. 이 밖에도 3대 커피콩에는 로부스타(정확하게는 카네보라종)와 리베리카종이 포함되는데 이 중에서 아라비카종의 품질이 가장 뛰어나다.

은피

커피콩의 바깥쪽을 싸고 있는 엷은 피막을 말한다. 은색이기 때문에 보통 '실버스킨'이라고 부른다.

정제

수확한 커피체리의 외피와 열매, 내과피(파치먼트), 실버 스킨(은피)등을 제거한 후 생두를 꺼내는 작업을 말한다. 정제 과정에는 수세식과 비수세식 처리 방법이 있다.

직화식

직화식(直火)은 말 그대로 직접 불로 생두를 볶는 것을 말한다. 예를 들어, 숯불 위에 촘촘한 석쇠를 올려놓은 후 그 위에 생두를 볶는 것인데 이 경우 생두의 겉껍질이 타기 때문에 탄 찌꺼기를 잘 제거해야 커피맛을 제대로 낼 수 있다.

카라타식 드립퍼

페이퍼 드립용의 대표적인 추출 기구로 그립퍼 바닥에 세 개의 추출구멍이 있는 것이 특징이다. 반면 독일의 메리타식 드립퍼는 구멍이 한 개이다.

카페인

질소를 포함한 염기선 화합물인 알칼로이드를 말하는데 원두나 찻잎, 코코아 등에 포함되어 있다. 커피보다 녹차에 많이 함유되어 있는데 사람을 흥분시키고, 이뇨 작용이 있기 때문에 니코틴이나 몰핀과 똑같이 작용한다.

커피벨트

전 세계적으로 펼쳐져 있는 생산 지대를 말한다. 남북의 양회귀선(북위25, 남위 25) 간에 펼쳐져 있는 커피 벨트 지대는 기후와 토양이 커피재배에 매우 적합하다.

콕코

드라이체리를 브라질에서는 '콕코'라고 부른다. 결점두의 하나로 샘플커피 300g 중에 하나가 있으면 '1결점'이라고 본다.

콜롬비아 마일드

콜롬비아, 탄자니아, 케냐 등 3개국의 커피를 총칭하는데, 고품질의 수세식 아라비카종을 말한다.

파치먼트

커피의 가장 안쪽에 있는 내과피를 말한다. 열매와 은피(실버 스킨)사이에 있는 다갈색의 얇은 껍질인 파치먼트가 붙어 있는 상태의 커피를 '파치먼트 커피'라고 한다.

풀시티 로스트

커피생두(Green Been)는 풋내만 나고 커피의 향이나 맛이 전혀 없다. 이러한 생두를 200~250℃로 가열하여 생두의 성분 물질을 변화시키면 비로소 신맛, 쓴맛을 강화시키면서 단맛을 서서히 떨어뜨리는 중간 배전 과정이다.

플랫빈

평두(平豆)로서 일반적인 커피콩을 말한다. 커피 열매 안에 두 개가 마주보고 있는데 서로 마주 보는 면이 평평하기 때문에 '평두'라고 한다.

피베리

둥근 환두(丸豆)를 말한다. 커피 열매에는 보통 두 개의 종자가 들어 있지만, 불완전하게 발육되어 때로는 한 개만 들어 있는 것도 있다.

이것을 '피베리'라고 하는데 모양이 둥글기 때문에 '환두'라고도 한다. 산지에 따라서 자메이카의 하이마운틴 피베리나 뉴기니아 피베리 처럼 피베리만 모아서 출하하는 곳도 있다.

참고 문헌

- 김윤태 · 홍기운 · 최주호 · 강대훈 / 커피학 개론 / 광문각, 2010
- 김옥재 · 김성옥 · 김미교 · 김은희 · 최성철 · 최용석 공저 / 식음료 실무 / 삼양미디어, 2006
- 김성윤 / 커피이야기 / 살림, 2004
- 김진수 / 호텔 · 외식산업 식음료 관리론, 2009
- 김영준 / 커피 입문 교실 / 훈민사, 2007
- 김정렬 / 커피수첩 / 대원출판사, 2008
- 권장하 / 바리스타의 길 / 미스터커피, SCI 출판부
- 변광인 · 이소영 · 조연숙 / Espresso theory & business 에스프레소 이론과 실무 / 백산 출판사, 2011
- 배승근 / 요즘 뜨는 커피 & 음료 만들기 / 크라운 출판사
- 서진우 / 커피 바이블 / 대왕사, 2010,
- 이영민 / Best Coffee 77 / (주) 아이비라인, 2004
- 이윤호 / 완벽한 한잔의 커피를 위하여 / MJ 미디어
- 전광수 / 기초 커피 바리스타 / 형설출판사, 2008
- 최동열 · 박정준 · 주종대 · 하종명 · 강영선 · 김기훈 · 윤선희 / 대왕사 / 최신식음료경영 실무, 2003
- 최성일 / 커피트레이닝 바리스타 / 땅에 쓰신 글시, 2008
- 존 톤 · 마이클 세갈(고재윤 외 옮김), 2009
- 한국커피교육연구원 편저 / 커피 조리학, 2009
- 한국커피교육연구원 편저 / 커피학개론, 2009
- 히로세 유키오 저 / 장상문 · 이정기 · 김윤호 · 김옥영 · 한창환 · 유승권 공역 / 더 알고 싶은 커피학, 광문각, 2010
- 장상문 · 허경택 · 이정기 · 김윤호 공역 / 커피학 / 광문각, 2009
- 유대준 저 / Coffee Inside / 라이언(Lion), 2014
- Coffee, 2010년 1월호
- Coffee, 2010년 2월호
- 더카페 : http://www.thecaffe.co.kr
- 다빈친 : http://www.edavinci.co.kr

- 로즈버드 : http://www.irosebud.co.kr
- 스타벅스 코리아 : http://www.istarbucks.co.kr
- 엔제리너스 : http://www.angelinus.co.kr
- 이디야 : http://www.ediya.co.kr
- 할리스 : http://www.hollys.co.kr
- 카페네스카페 : http://www.cafenescafe.co.kr
- 커피빈코리아 : http://www.coffeebeankorea.co.kr
- 탐앤탐스 : http://www.tomntoms.com
- 투썸플레이스 : http://www.twosome.co.kr
- 파스쿠치 : http://www.caffe-pascucci.co.kr
- Certified Barista : www.ahla.co.kr

저자소개

정강국

- 경기대학교 대학원 호텔경영학과 졸업
- Michigan State University, The School of Hospitality Business 석사 졸업
- 현재 계명문화대학교 호텔항공외식관광학부 교수

쉽고 재미있는 커피스토리

인쇄 2018년 8월 25일
발행 2018년 8월 30일

저 자 정강국
발행인 임영철
발행처 도서출판 신화전산기획
주소 / 서울특별시 성동구 마조로 3나길 28
전화 / (02) 833-5145~6
팩스 / (02) 848-2498
등록 / 301-2010-034
홈페이지 / www.shj.co.kr

값 22,000원 ISBN 978-89-5534-223-9 93570